JN101001

仕事は君を幸せにする

人生が変わる
〝たった一つの考え方〟

浜口隆則
HAMAGUCHI
TAKANORI

きずな出版

人々は理解できないことを低く見積もる。

ゲーテ

はじめに～仕事と君と幸せの関係～

本書は、仕事を通して君を幸せにすることを目的とした本です。

忙しくても読めるように、なるべくシンプルに書きました。

しかし、シンプルだからと言って、軽い内容ではありません。

本質的に大切なことを、心と頭の中に入れて、いつでも思い出せて、いつでも使えるような思考体系のワンセットにしました。シンプルですが、応用範囲は広いと思います。

証拠と言ってはなんですが、次の質問を考えてみてください。

「仕事って、なんですか？」
「幸せって、なんですか？」
「君は、誰ですか？」

仕事のこと、幸せのこと、君自身のこと。
どれも、一度ならず、何度も人生の中で考えたり、思いを馳せた経験のあることだと思います。

でも、「仕事ってこういうことだ」「幸せってこういうことだ」「自分はこういう人だ」って自信を持って答えられる人はいるでしょうか？

私自身も若い頃は何も明確ではなかったですし、今でも「本当に理解しているのかな？」と不安に感じて、しょっちゅう見直したりしています。

シンプルだけど、簡単ではない。

それが人生であり「仕事」と「君」と「幸せ」の関係なのだと思います。

難しいことや簡単に答えが出ないようなことには、どうしても距離をおいてしまうものです。そして、気づいたら、身近な存在なはずなのに、ものすごく遠い存在になってしまっている。

遠すぎて、よく見えなくなってしまっている。
それが「仕事」と「君」と「幸せ」であり、その関係性のことです。

今まで見過ごしてきたことを、観ていきましょう。

近くて遠い7つのこと。

「幸せとは？」「君とは？」「経済とは？」「お金とは？」「会社とは？」「人生とは？」「仕事とは？」

一緒に考えてみましょう。すべては、そこから始まります。

1歩、足を前に出せば、2歩目は、簡単です。
2歩目が出れば、3歩目は、もっと簡単です。

さあ、仕事と君と幸せに、一緒に会いにいきましょう。

小さな、しかし、偉大な一歩を！

目次

目次

第2章 君とは？

第3章 仕事とは？（今）

目次

第8章 仕事とは？（これから）

おわりに ～最初のボタン～

［装丁］
西垂水敦+内田裕乃（krran）
［本文デザイン・DTP］
TwoThree
［本文イラスト］
おなわなお

仕事は君を幸せにする

第1章　幸せとは?

この章でわかること

❶ 幸せになるには〝4つの柱〟を意識することが重要
〝4つの柱〟とは「①生存と生活　②社会生活
③自己探究　④幸せメンタル」

❷ 最も大事なのは【④幸せメンタル】（P32）

❸「経験と成長」と「幸せメンタルトレーニング」で
幸せメンタルは鍛えられる

❹ 幸福になるには「自分が何者であるか」を
知ることが絶対に必要

幸せの条件

「幸せになりたい」
心のどこかで漠然（ばくぜん）と感じている人は多いと思います。

では、どういう状態であれば幸せなのか？
心のどこかに明確なゴールを持っている人は少ないはずです。

幸せという状態に向かって進みたいのに「それがどこなのか？」がわかっていなければ、どこに向かって良いのかわからないまま「迷子（まいご）」になってしまいます。

小さな子どものように、迷子になっても呼び出してくれる人はいません。迷子であることを自覚して、その状態から自力で脱出しないといけません。

「幸せ」というのは、人が求める最高の状態と言っていいでしょう。それにもかかわらず、ぼんやりした概念です。

ですから、最初に〈幸せの条件〉を一緒に考えてみましょう。

幸せの迷子にならないように。

欲から考える

幸せという概念を考えるとき、自分の感覚だけではなく、少し科学的なアプローチをしたほうが深い理解を得られます。

主観性も大切ですが、客観性も大切だということです。

ですから、まずは心理学で「欲」のことを考えてみましょう。

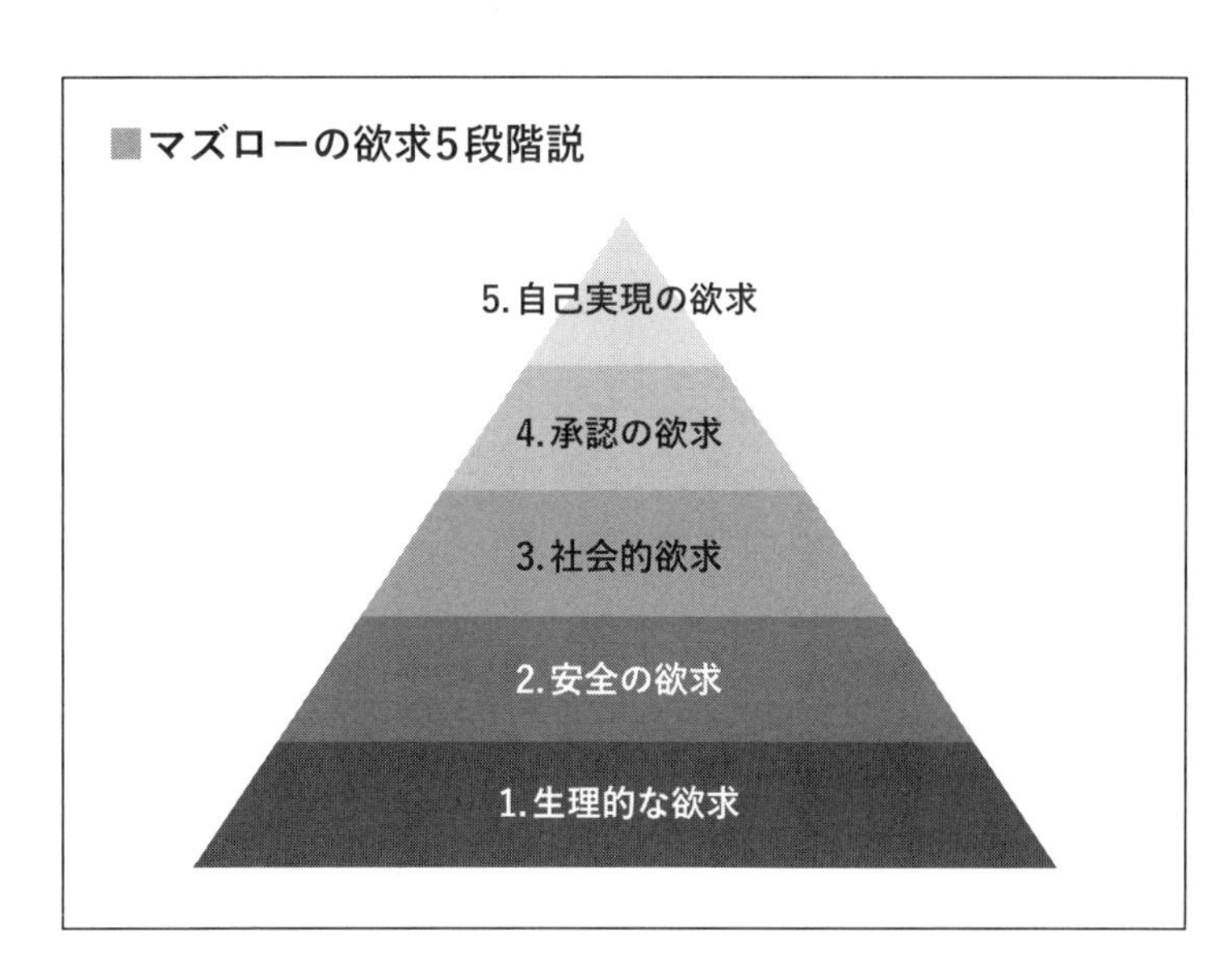

人間には欲求があります。それが満たされると幸せな気分になります。

ですから、欲は幸せと関係があると考えられます。「欲=幸せの条件」の一つということです。

「マズローの欲求5段階説」という心理学の有名な学説があります。

この学説を簡単に説明すると「人間の欲求には段階があり、人は始めに最も根源的な欲求を満たそうとし、それを満たすと次の欲求にシフトしていく」という考え方です。

上の図のように、人の欲には〈5つの段階〉

があります。

〈第1段階〉

最初の欲は、自分が生存するために必要な食欲や睡眠欲などの「生理的な欲求」です。私たちは、まず「生きる」ことを最も重要視します。生きていなければ、幸せを感じることもできません。ですから、幸福の土台として「生理的な欲求」は大切です。

〈第2段階〉

次は「安全の欲求」です。生存に必要なものを得られるようになったら、安全に生活したいと望むようになります。より安全に生存できる環境が重要になります。

〈第3段階〉

生存と安全が確保できるようになると、次は、社会の一員としての関わりを望むようになります。「社会的欲求」と呼ばれ、社会のどこかに帰属し、そこで他者から愛されることを求めるようになります。

〈第4段階〉

社会的欲求が満たされるようになると、次は、自分が属する社会の中で認められることを求めるようになります。「承認欲求」と呼ばれ、社会や他者から「一目置かれる存在」になることを望むようになります。

〈第5段階〉

これらの1〜4段階の欲が満たされると、最終的には「自分は何者なのかを知りたい」「他の誰でもない自分を確立したい」と願うようになります。それらは「自己実現の欲求」と呼ばれ、人間の欲の最上位であるとされています。

「マズローの欲求5段階説」は、欲求という側面から「私たちが何を求めているのか？」の全体像をわかりやすく教えてくれます。

脳から考える

幸せを客観的に理解するために、もう一つ科学的なアプローチをしておきましょう。

幸せというのは感覚的なものです。その感覚は脳から生まれます。ですから「脳科学」でわかってきている「幸せと脳の仕組み」を簡単に理解しておきましょう。

「幸福を感じる時に、脳で何が起こっているのか？」ということを、ものすごく簡単に説明すると「脳内物質と呼ばれるものが分泌されている」ことがわかっています。

幸せに関係が深いと思われる脳内物質は5つの種類があります。

【幸福に関係する5つの脳内物質】

1　ドーパミン

2 アドレナリン
3 エンドルフィン
4 オキシトシン
5 セロトニン

これらの脳内物質が脳内で分泌された時に、私たちに幸福感が訪れます。
脳内物質によって、幸福の種類が違います。

1 ドーパミン

目標を達成した時や何かを獲得(かくとく)した瞬間には、ドーパミンが脳内でドバッと分泌されて幸福を感じます。

2 アドレナリン

アドレナリンは、幸福をもたらす脳内物質というよりは、幸福をもたらすための努力や頑張りをつくるために必要な脳内物質です。人は「ここが大事」という場面で平常時とは違うハイパーモードになる機能が備わっているのですが、その時にアドレナリンがドバッと分泌されます。

3　エンドルフィン

長い距離を走った時に、何とも言えない幸福感を味わったことのある人は多いのではないでしょうか？　その多幸感はランナーズハイと呼ばれ、エンドルフィンがドバッと分泌されている時に訪れます。

4　オキシトシン

恋人の肌に触れて安らぎを感じる時や、仲間と一緒に笑い転げて遊んでいるような時には、オキシトシンがドバッと分泌されて幸福感に包まれます。

5　セロトニン

心も体も健康でリラックスして爽快な時には、セロトニンがドバッと分泌されていて幸せな気分になります。

これらの脳内物質を脳に分泌させることができれば、私たちは幸福を感じることができるということです。幸福を感じる人の主観は複雑に散らかってしまっていることが多いので「体の仕組み」としての幸福を理解しておくと良いです。

幸福の4大分野

心理学と脳科学から幸せのことを見てきました。

科学や学問も万能ではありません。ただ「今までにわかっている最も真実に近いこと」ではあります。それらは私たちが現在、知ることのできる最高の知識です。ですから、それらをベースに仮説を組んでいくのがベターな選択肢だと思います。

私も幸せになりたかったので、心理学や脳科学をベースに宗教や社会学など様々な分野から学んできました。そこで学んできたことを分類してみると「4つの分野」になりました。

【幸福の4大分野】

①生存と生活
②社会生活
③自己探究
④幸せメンタル

①と②は「生活」という言葉で一つに分類することもできますが、そうすると範囲が広すぎて意味がぼやけてしまうので、性質の違う「生存と生活」と「社会生活」に分けています。

これら①～④は幸福を支える「4つの柱」のようなものです。

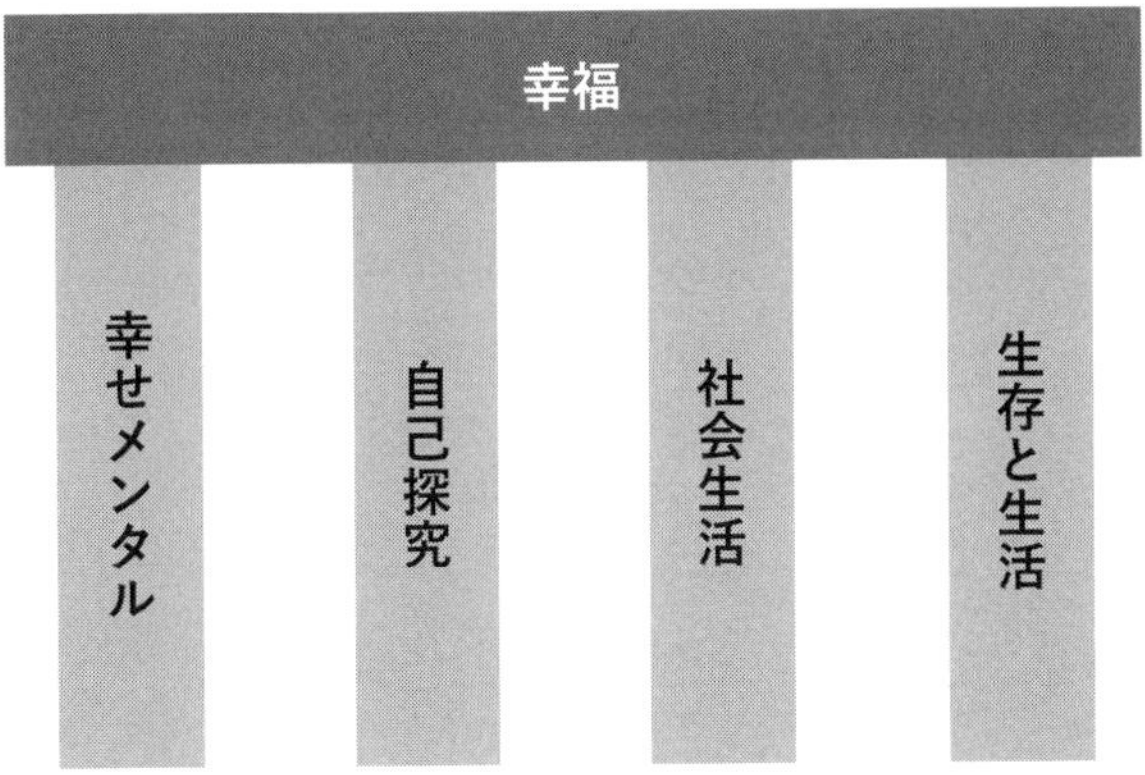

幸福

幸せメンタル

自己探究

社会生活

生存と生活

一つ一つを確認していきましょう。

①生存と生活

日本のように豊かになった国では「生存と生活」が当たり前になっています。戦争や貧困といった生存のために大きな障害があることは少なく、人生におけるデフォルト（初期状態）の状態は恵まれていると言えます。

しかしながら、本書の読者層の中心である20代~30代前半の社会人にとっては、「生存と生活」は最も大切なテーマです。なぜなら、**学生の時までは家族や他の誰かから与えてもらっていた「生存と生活」という人生の土台**

となる部分を、自ら確立しないといけないからです。

一人の独立した大人として「生きていくために必要な環境を自力で整えられるようになる」ことは、幸福の土台としても重要なことです。何事も基礎が安定していなければ、全体が安定することはありません。ですから、この分野を強固にしていくことは重要な活動です。

「生存と生活」が安定することは「静かな幸せ」をもたらします。

②社会生活

「生存と生活」は、私たちの幸せを支える重要な分野です。**しかし、人は「自分一人で生きているだけ」では幸せになれません。**なぜなら、人は「社会性」を持った動物だからです。私たちは、社会という「他者との関わり」の中で幸福を見出す生き物なのです。

無人島に取り残されて、独りで生活することを想像してみてください。たった一人では「生存と生活」を実現することも難しいですが、家族や友人や愛する人がいない世界で生きることは、殺伐(さつばつ)としたサバイバルだけの生活になってしまい、とても人間らしい生活とは言えません。

日本のような同調圧力の強い社会では、誰もが息苦しさを感じて生きています。ですから「無人島にでも行きたいなあ」と感じる瞬間があると思います。でも、実際に無人島に行って完全に社会と断絶された存在になると、生きていけません。最初は気楽で心地よく感じるかもしれませんが、長くは続きません。人に会いたくなり、社会に戻りたくなります。

ですから「社会生活」も「生存と生活」と同じくらい重要です。

社会の一員となり、社会から影響を受け、社会にも影響を与えていく。そうやって社会の中に自分の存在を確立させることが、幸せの2つ目の柱になります。

③自己探究

「生存と生活」と「社会生活」が安定してくれれば、かなり幸福なのではないでしょうか？人類の歴史をざっと学んでみても、多くの人は「生存と生活」と「社会生活」が満たされれば幸せを感じていたようです。

人類の歴史は、約500万年だとされています。その長い歴史の中で祖先の人々が希求してきたことは「生存と生活」と「社会生活」に尽きます。しかし、現代は新しいステージに入ったようです。第3の分野が出現し、それらを求める人が増えてきています。

それが〈自己探究〉です。

自己探究は「自分は何者なのか？」を見つめて「社会の中で他の誰でもない自分を確立していこうとする活動」です。「マズローの欲求5段階説」の最上位である自己実現と同じです。自己実現という表現はわかりにくいので「自己探究」という言葉を使っています。

生存の脅威が少なくなり、日常の生活に大きな支障もなくなり、社会生活にも一定の満足ができるようになると、人は「自己探究」を始めたくなるのだと思います。

そういった意味では「汝(なんじ)自身を知れ」と語った紀元前のソクラテスの時代からあった「人の根源的な命題」なのかもしれません。ソクラテスの時代は、ほとんどの人は「生存と生活」だけに追われるような時代ですが、哲学者は生活には困っていない身分の人たちだったために「自己探究」が進んだのでしょう。

社会が豊かになり、多くの人の生活(社会生活を含めた)が豊かになって充実した現代では、「自分」という未開の地が残されたのだと思います。

「自分は何者なのか?」

ひと昔前であれば、哲学者しか考えなかったようなテーマが当たり前になりつつあります。

「幸福の4つの分野」の①～③分野までを確認してきました。

「幸福の条件」ということであれば、この3つの分野を大切にしていけば幸福に近づいていくと考えて良いでしょう。

ただ、最も大切なのは「④幸せメンタル」かもしれません。

「それは、なぜなのか？」を見ていきましょう。

幸せメンタル

「世界幸福度ランキング」というのを聞いたことがある人は多いと思います。このランキングは、国連が行っている世界137の国・地域を対象にした幸福度の調査結果です。

日本は最新の結果（２０２３年発表）で47位です。過去10年ほど50位前後に定着してしまっています。１９９０年初めのバブル崩壊から「失われた30年」と呼ばれるような期間があって、国としての成長が鈍化し、世界においての相対的な国力が低下し続けてきたのは事実です。

しかしながら、世界中でベストセラーとなった『ＦＡＣＴＦＵＬＬＮＥＳＳ（ファクトフルネス）』（ハンス・ロスリングほか著）で「世界を正しく見る習慣」を教えてくれているギャップマインダー財団が提供している〈世界保健チャート〉（Ｐ34）を見れば、**日本が２０２２年でも世界有数の豊かな国であることがわかります。**

日本という国が改善していくべき課題はあります。しかし、日本の環境で幸福感が50位前後というのは低過ぎます。10年ほど前に不思議に思って調べてみたら、幸福度を計測する方法が「自己採点」によって決められていることがわかりました。

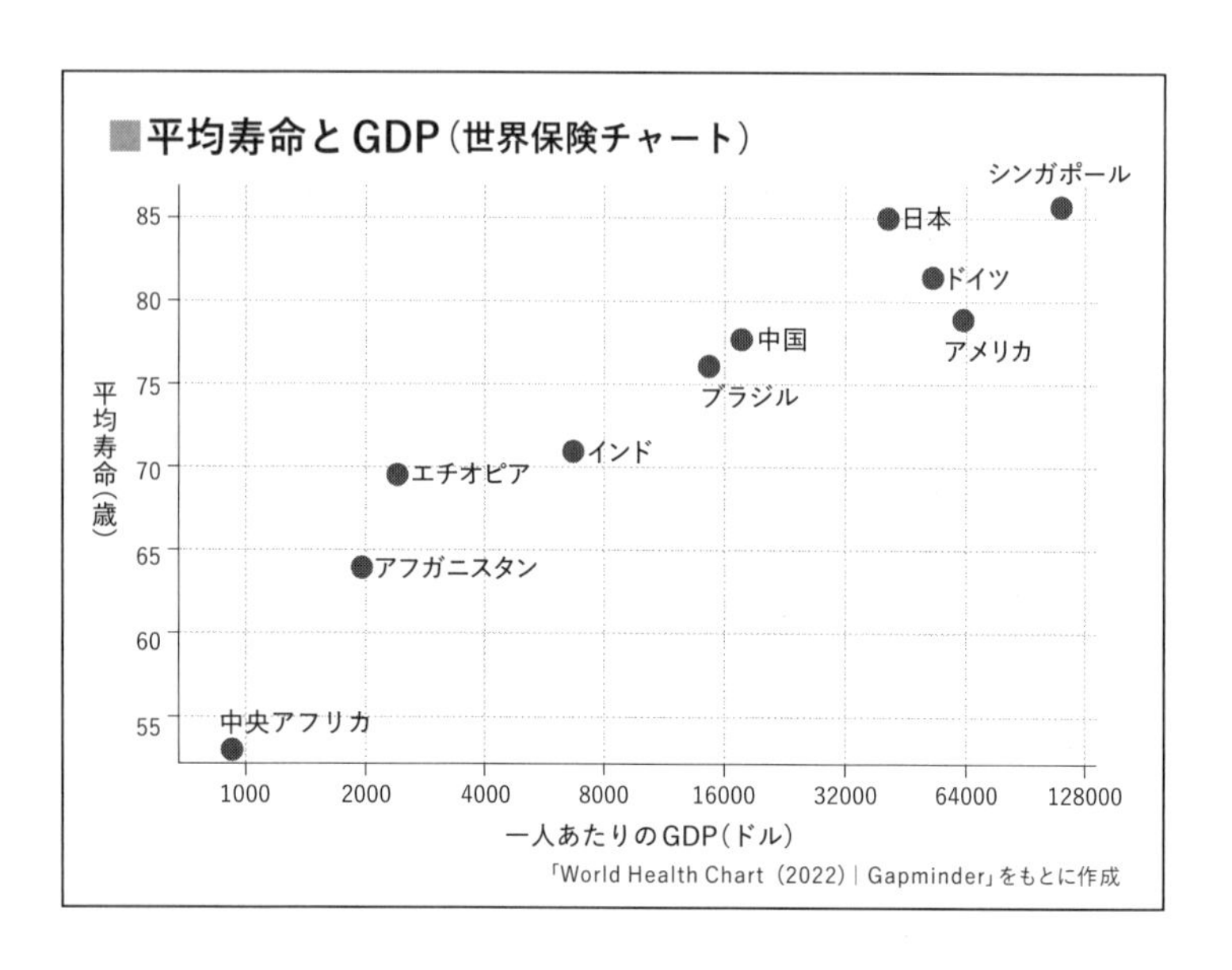

日本人の謙虚な国民性を考えると「低い点数になってしまうのは当然だな」と思ったので、それからは世界幸福度ランキングを気にしなくなりました。

しかし、この結果は重要なことを示唆してくれています。

「自己評価の甘い人ほど、幸福度が高くなる」可能性があることです。

同じ環境でも、幸福度を90点と考える人と60点と考える人が存在します。これは心理学の様々な研究でもわかっていることなのですが、60点と考えた人の環境が良くなっても幸福度はあまり変わりません。しかし、90点と考える人は、環境が上下しても、あまり変わらず幸福度は高い傾向があるのです。

環境や条件がとても良いにもかかわらず幸福感を持てない人がいる一方で、さほど環境や条件が良くなくても幸せを感じて生きている人たちが存在します。

つまり、幸福度は環境や条件によって決まるのではなく「自分が決めている」ということです。

幸せは環境や条件に左右されない性質のもので、自分の感覚的なものだとしたら？
「どうやったら幸福感を持ちやすくなるのか？」と考えることに価値が生まれます。

ですから「幸せの感じやすさ」を、幸せなメンタリティーを持っているということから「幸せメンタル」と呼ぶことにしました。

幸せに対する理解を深めるために「幸福の条件はなんだろう？」と出発して、様々なことを考えてきました。**しかし、この「幸せメンタル」が低いと幸せになるのは難しくなってしまいます。**どれだけ恵まれた環境や条件を手に入れても、そんなのは当たり前のことだと考えて幸せを感じられないからです。

幸せになるための環境や条件を求めて活動することも大切です。それによって幸せを感じるチャンスは多くなります。しかし、結局「幸せメンタル」が低いと、手に入れた環境や条件もムダになってしまいます。

ですから「幸せメンタル」を鍛えないといけません。

「幸せメンタル」を鍛える方法は2つあります。

幸せメンタルを鍛える2つの方法

1 経験と成長

社会の仕組みを知って経験値が上がるほど「自分が生きていること」「社会の一員として存在していること」など、普段は当たり前と感じて省(かえり)みないことの大切さに敏感になります。「今あることは奇跡」なのだと感じ取れるようになれます。

登山をする時、登り始めて山の下のほうにいるときは、高い木々に囲まれていて全体のことが見えません。しかし、登り続けて山の上のほうに来ると視界が広がり、今まで見えなかった多くのものが見えるようになります。

成長するのは、それと同じです。今まで気づかなかった多くのことに気づけるようになります。経験豊富な人が「人や何に対しても感謝するようになる」のは、このためです。成長すると「感謝できる能力」が磨かれるのです。

「感謝できる能力」と幸福はつながっています。ですから、成長することが幸せにつながるのです。

2 幸せメンタルトレーニング

「トレーニング」と言うと「大変じゃないの?」と感じるかもしれませんが「幸せメンタル」を鍛える方法は意外と簡単です。

毎日、寝る前に「今日、幸せだったことを3つ考える」だけです。

最初は「幸せを感じるようなことなんて毎日ない」と感じてしまうかもしれません。「これって考えてみたら幸せなのかも」くらいのことで良いです。そういったことを発見できるようになることが大切です。

「幸せ」が感覚的に難しければ、「感謝できること」でも構いません。「幸せは発見するものだ」と考えて実践してみてください。

■寝る前に「今日、幸せだったこと」を3つ考えよう

月　日	月　日	月　日
①	①	①
②	②	②
③	③	③

そうやって日々を過ごしていると、今まで気づかなかったことに気づくようになります。自分が今の生活を営(いとな)んでいられるのは、実は幸運なことだと感じられるようになります。

多くの日本人は、幸福を感じる度合いが低いです。
それによって、すごく損をしていると思います。
「幸せの自己採点」は甘くて良いのです。

君の本当の幸福

「これが幸せだよね」と一般的に言われているような幸せには、重力のような力があって、知らないあいだに影響を受けています。しかし、本来それらは君や私という個人には関係ないことです。

もちろん、誰もが最大公約数的な幸せを感じることはあります。仕事で成功して経済的に困ることもなく、多くの友人に恵まれてプライベートも充実していて、人から一目置かれるような存在であれば、何となく自分は幸せだろうと感じるでしょう。

しかし、厳密に考えていくと、人の幸福は人によって違います。私の幸せは私にしかわからないし、君の幸せは君にしかわからないはずです。

仕事で成功してお金を持っていても、幸せではない人たちがいます。私が仕事で支援してきた経営者でも、そういう人たちはいました。周囲からは、成功したことを認められ、尊敬され、羨ましいと思われているにもかかわらずです。

何が幸せの要因になっているかは「本人にしかわからない」のです。

だからこそ、幸せになるために絶対に必要なことは「自分は何者なのか?」を知ることです。

お金を儲けて幸せを感じる人もいれば、一遍の詩を上手につむぐことができた時に幸せを感じる人もいます。美味しいものを食べた時に幸せを感じる人もいれば、何日も飲まず食わずで山の頂上まで登った時に幸せを感じる人もいます。

人は社会性が強い生き物です。ですから、どうしても社会の最大公約数や平均値を見て、それらが正しいことなのだと思い込みがちです。そして、自分ではない自分を目指して頑張ってしまいます。

幸せは「人それぞれ」です。
だからこそ、自分を知る必要があります。

第2章 君とは?

この章でわかること

❶ 自分の〈幸福軸〉を見つけることの重要性

❷ 他者の幸福軸を自分のものと間違えないこと

❸ 「自分らしさ圧力」と「同調圧力」の2つがせめぎ合うのが、いまの若い世代の難しさ

❹ 自分を知ることを最も邪魔しているのは「自分」

❺ 自分を知る2つの方法は「認知バイアスを認知する」「相対的に知る」

❻ 本当の自分を知らないと幸福になれない

自分の幸福軸を考える

人には一定の共通項があります。だいたい同じというような傾向があります。

ですから「幸福の4大分野」の中に、君が幸せになるヒントがあるはずです。

しかしながら、ややこしいのは「何をもって幸せを感じるか?」ということが、人によって微妙に違うということです。


生活の安定に強く幸せを感じる人もいます。

社会の一員として認められた時に強く幸せを感じる人もいます。

自分の興味があることに没頭(ぼっとう)できている時に強く幸せを感じる人もいます。

何があっても幸せな人もいます。羨ましいですね(笑)。


人が幸せになる大まかな要素は「幸せとは?」の章で見てきた通りです。

しかし「どの要素が重要なのか？」は人によって違います。優先順位や比重が人によって違うのです。

自分を幸せにするのは、何なのか？
自分の〈幸福軸〉を探しましょう。

幸福の要素は一つだけとは限りません。幸せはバランスの中にあることが多いです。自分にとって不可欠な複数の要素がバランス良く揃（そろ）っている時に、最高に幸せな状態になれます。

そのようなバランスと、君が重要視する「幸福軸」を探していきましょう。

それらは様々なことを経験していくうちにわかってくることでもありますが、まずは現時点で「このあたりかな？」と目星をつけておくと、良い目安になります。ですから、次のようなことにトライしてみてください。

【幸せの境界線】（次のページに記入してみてください）

①白い紙の真ん中に点線を書きます
②点線の上には「幸せだなあ」と感じる時のことを書きます
③点線の下には「不幸だなあ」と感じる時のことを書きます
④全体を見渡して「上（幸）と下（不幸）を分けているのは何だろう？」と考えます

あまり厳密に考えずに、感覚的で大丈夫です。

頭の中だけで行うより、紙に書いて視覚化し、それを確認しながら書き足していくという方法のほうが上手（うま）くいきます。

ワーク 幸せの境界線

上（幸）と下（不幸）を
分けているのは
何だろう？

幸せだなあと感じること

例）おいしいご飯を食べた時

・

・

・

・

・

不幸せだなあと感じること

例）仕事でミスをして、怒られた時

・

・

・

・

・

〈境界線〉が見えてきましたか？

私の場合は、境界線は「自由」でした。自由が大切なんだということがわかりました。人に強制されたり、人に強制することも嫌だったのです。たとえつらい状況でも、やっていることが自分の選択したことであれば耐えられます。しかし、誰かに強制されたり、本意ではなくやっていることだと、耐えられなくなるのです。

境界線は、「愛」の人もいれば、「お金」の人もいれば、「承認」の人もいます。人それぞれです。

重要なのは、自分に正直になって「自分にとって大切なことはなにか？」を見つめて、その幸福軸を明確にして、大切に持っておくことです。

多くの人は「自分の幸福軸」を漠然と考えていたり、著名人や隣人の幸福軸をSNSなどで垣間（かいま）見て、それを自分が目指すべきもののように感じてしまっていたりします。

そういった、自分にとって偽物（にせもの）の幸福軸を持っていても幸せにはなれません。頑張って幸福な状態に到達できたとしても「間違った場所」にゴールしているのです。達成感は味わえるかもしれませんが、幸福感は続きません。

今すぐ明確にわからなくても構いません。それで当然とも言えます。**しかし「自分の幸福軸があること」「自分の幸福軸を明確にすべきこと」「他者の幸福軸を自分のものと間違えないこと」が大切だということだけは、現時点で理解しておきましょう。**

生きていると様々なことがわかってきます。色々なことを学びます。新しい発見をします。そうやって、君は変わっていきます。ですから、時間をおいて「幸福の自分軸」のチェックを定期的にやってみてください。

同調圧力と常識

「幸福の自分軸」を邪魔する存在があります。
それが同調圧力や常識です。

本格的に社会に出ると「自分軸」というのは、どんどん曖昧(あいまい)になっていきます。
それは「他者の中に自分が存在する」からです。

学生時代よりも他者との接点は増えていきます。学生時代は似たような環境の人が集まりやすいですが、社会に出ると変わります。本当に様々な人と付き合わないといけなくなります。ですから良い意味でも悪い意味でも影響されてしまうのです。

人類の歴史を学んでいくと、生物的には弱者である人類が生き延びていくためには「社会性」が重要だったことがわかります。ヒトは単体ではなく「群れ」として、その他の多くの強い生物に対抗して生き残ってきたのです。

地球上で最も強い存在になっても、その長い時代の成功体験的な習慣が残るのは当然のことです。

他の種とのサバイバルゲームという理由だけでなく、ヒトは社会性を持つことで、単独で生きている時より何百倍もの生産性を得て、豊かに暮らしていけるようになりました。その構造は今でも同じです。ですから、社会性は重要です。

しかしながら、社会性は同調圧力を生みます。

何でもそうですが、良い面もあれば、悪い面もあります。同調圧力が邪魔なこともあれば、それらが教えてくれることもあります。ですから、客観的にバランスをとって上手く付き合っていけば良いのだと思います。

常識も同調圧力の一つです。

常識というと「ずっと変わらないこと」だと感じてしまいますが、違います。常識も変わっていきます。もし常識が不変なら、今でも「太陽は地球の周りを回っている」はずです。しかし、今では「地球が太陽の周りを回っている」のが常識です。常識は全く反対になったのです。

常識は「今の多くの人が正しいと考えていること」であって、本当に正しいことだとは限りません。

天動説の話は500年前のことですが、最近でも常識が逆転したことがあります。それは1990年あたりから「自分らしさ」が教育において重要視されるようになったことです。

それまでは社会規範を遵守し「社会に合わせる」という没個性教育が主流でした。「自分らしさ」と「社会に合わせる」は、ほぼ反対の方向です。教育という大切な分野で、反対の方向に変わってしまったのです。

ですから、君が社会で出会う先輩は、自分とは反対の教育を受けてきた人が多いのです。

君の上司世代は「社会に合わせる」を強要された世代です。
君の世代は「自分らしさ」を強要された世代です。
合わないのは、当たり前です。ぶつかるのは、当たり前です。

君たちの世代は、学生時代は「自分らしさ」を求められたのに、社会人になると「社会人らしさ」を求められます。「自分らしさ」という圧力が、社会に出た途端に、全く反対の同調圧力に晒（さら）されることになるのです。

「自分らしさ圧力」と「社会に合わせろ圧力」2つの反対の圧力がせめぎ合うのが、本書の中心的読者層である君の世代の難しさだと思います。そこを乗り越えて欲しいと心から願います。

自分を知ることは難しい

「自分は何者か？」

100%の自信を持って答えられる人は少ないでしょう。
そんな人がいたら、ちょっと気持ち悪いですよね（笑）。

どれだけ成功しているように見える人だって、どれだけリア充に見える人だって、自分という存在を心から理解している人なんていないということです。

自分を知ることを最も邪魔しているのは「自分」です。

自分がつくった「自己像」が本当の自分を知ることを邪魔しています。「自己像」とは、自分が生まれてから今までに経験したことから「自分はこんな人間だ」と考えているセルフイメージのことです。

「自分は飽き性だ」「自分は押しが弱い」とか「自分は人前であがってしまう」「自分は朝が弱い」など「私はこんな人」と自分が自分に対して持っているイメージです。

人は、そんな「自己像」に縛られています。「縛られている」というのは、自分が本来持っている可能性よりも低い自己像を持っている人が多いからです。

それは自然なことでもあります。なぜなら、私たちは自分が子どもだった未熟な時期に自己像を形成してしまうからです。たくさん失敗したのかもしれません。叱られて「自分はできない人間だ」と言われたように感じたのかもしれません。

しかし、それは成熟する前のことです。私たちが一人の人間として頑張って生き方を学んでいた時のことです。できなくて、当たり前です。失敗して、当たり前です。

それでも、私たちは、その時の「できなかったイメージ」や「失敗したイメージ」を「自己像」として刻んでしまいます。そして、それを大人になっても「それが自分なのだ」と思っています。

それはまるで子どもの時に描いた自画像を、大人になっても自画像として持っていて「それが自分なのだ」と思い込んでいるようなものです。**人として未熟な時期に刻んでしまった自己像を生涯ずっと大事に持っているのは、おかしなことです。また、もったいないことでもあります。**

なぜなら、多くの人は成長して変わっているにもかかわらず「自己像と同じ自分であろう」としてしまうからです。そうやって、さらに間違った古い自己像が固定化されていきます。

そして「本当の自分」に出会えないまま一生を過ごしてしまうのです。

自分を知る2つの方法

自分を知るのは簡単なことではないですが、2つの方法が考えられます。

【自分を知る2つの方法】

1　認知バイアスを認知する

2　相対的に知る

１　認知バイアスを認知する

自己像があてにならないように、自分が「こうだ」と思っている認知には歪みがあります。この「認知の歪み」を「認知バイアス」と言います。

人は自分にとって都合のいいように世界を見ています。自分の身の回りで起こることを、完全に客観視できているわけではありません。その認知には歪みが生じていて、間違った認識を持ってしまっていることが多いのです。

わかりやすい例が上の図です。

２つの直線部分の両端に違うパターンの矢印がついています。

どう見ても上の直線部分のほうが長く見えます。しかし、両端の矢印部分を取ってみると、同じ長さであることがわかります。このような「認知の歪み」を人は持っています。

このような「認知バイアス」はかなり研究されていて、400近くもあることがわかっています。ですから、自分に対する認知も「認知バイアス」によって事実が歪められていても不思議ではありません。

認知バイアスへの最も有効な対策は**「認知バイアスを認知する」**ことです。

「認知バイアス」が「自分にもある」と認識しているだけで、認知の歪みを疑い、認知を修正していける可能性が高くなります。実際の認知バイアスを知るとわかりやすいので「ああ、自分にもこういう部分があるかもなあ」と感じながら確認してみましょう。

まずは、「自分のことなんて、わかってるよ」と自信満々に感じた人こそ要注意の認知バイアスからです。

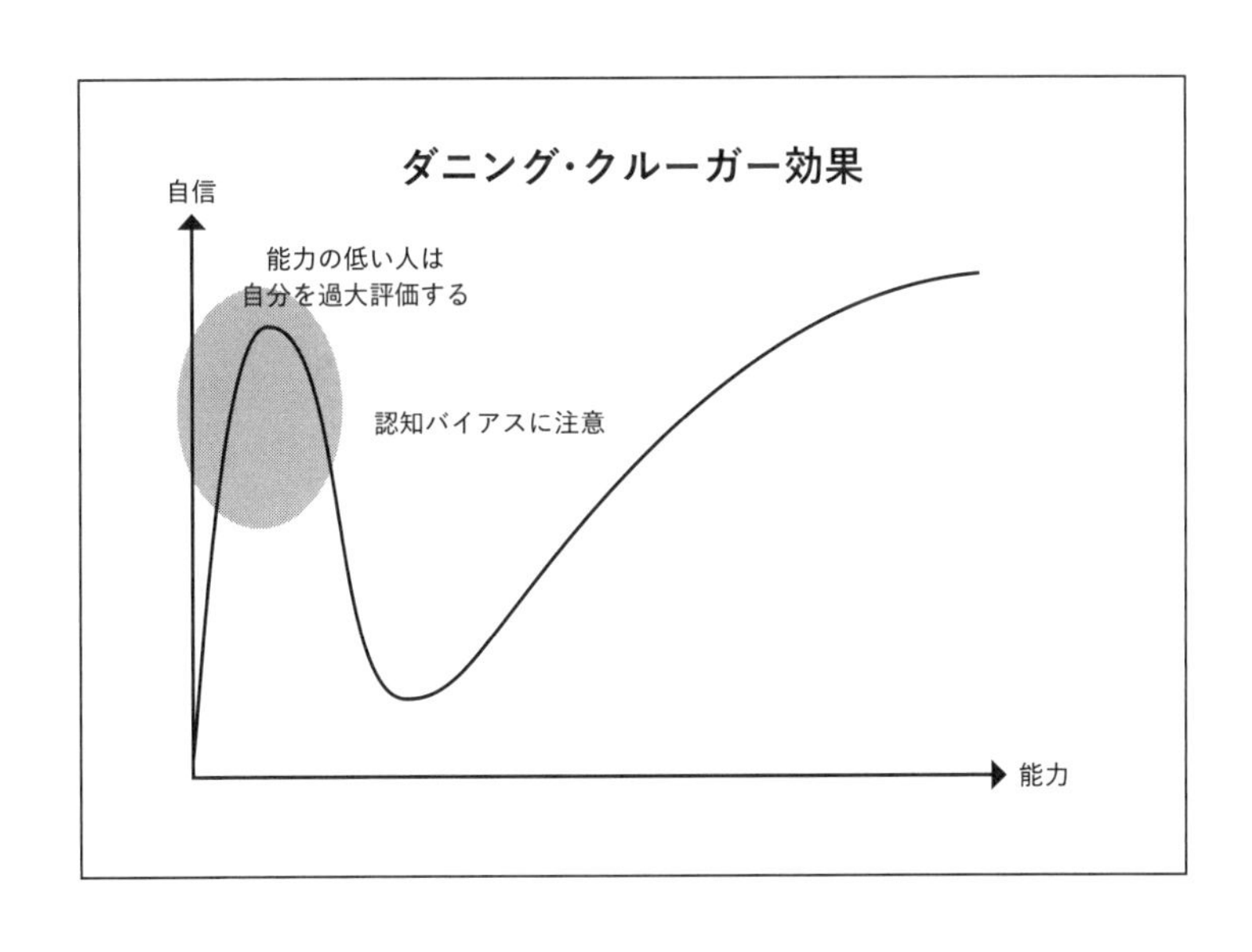

A　ダニング・クルーガー効果

人が持つ「能力」と「自信」の関係を研究した結果、わかった認知バイアスを**「ダニング・クルーガー効果」**といいます。端的に言うと左記のようになります。

能力の低い人は、自分を過大評価する。
能力の高い人は、自分を過小評価する。

人は能力が低い時に自信が低く、能力が高くなるほど自信が高くなっていくわけではありません。能力が低かったり、経験が浅い時ほど、逆に自信を持ってしまうことがあります。いわゆる「根拠のない自信」です。

これは起業が失敗する根源的な要因になっています。能力が低いからこそ感じてしまう根拠のない自信によって、多くの起業者は経営を勉強しようとしません。そして自分の力不足を認められないまま、失敗した理由すらわからずに失敗していきます。

能力が不足しているからこそ、自信を持っている人がいます。そして、油断して成長しなくなってしまうのです。

B 確証バイアス

「確証バイアス」とは、自分の持つ意見や信念を裏付ける証拠ばかりを集めて、反対意見を支持するデータはあまり細かく見ようとしない傾向です。自分が「現在、持っている考え」や「正しいと感じている」ことを強化するような証拠しか集めなくなってしまうということです。

多くの人は、このようにして「自分の考えという箱の中」から出られなくなってしまいます。自分が正しいという証拠だけを集める傾向が私たちにはあるからです。

人が必ず持っている、これらのバイアスは「認知そのもの」が間違っているので、とても難しい問題ですが、**私たちがまずできることは「自分がこのような認知の歪みを持っている」ことを理解しておくことです。**

わかっていても、すぐに修正できないのが認知バイアスの難しいところです。

だからこそ「認知バイアスを認知する」ことが重要です。

2 相対的に知る

ワインに詳しい友人に教えてもらったことですが、ワインに詳しい人でも、1種類のワインだけを目隠しをして飲んで銘柄を当てることは、ものすごく難しいことだそうです。ワインをあまり飲まない人だと、目隠しをしてワインを飲むと赤と白の区別もつかなくなるそうです。

なぜなら、人は「味」を「絶対的に」覚えることが難しいからです。

では、ソムリエは、どうやっているのでしょうか？　まず、基準となるワインを決めて、その味を徹底的に覚えます。そして、その基準にしたワインの味を軸にして、より甘いとかより渋いと「相対的に」理解していくのです。

「自分」を知ることに対しても同じことが言えます。

人は理解すべき対象そのものだけを見て絶対的に理解することが苦手です。自分の頭の中で自分のことだけを考えても、自分のことをよく理解できません。

ですからワインと同じように「相対的に」自分を知る機会をつくる必要があります。

必要なのは他者です。

他者と接し、他者を知り、相対的に自分を知ることです。

他者と接していると、自然と「違い」に気づきます。自分と比較してA君は「優しい」なとか「外交的」だなとわかります。それによって自分は少し「厳しい」のかもしれない、「内向的」なのかもしれない、と相対的に理解していけます。

自分だけで考えると、自分が「優しいのか？　厳しいのか？」「内向的なのか？　外交的なのか？」はわかりません。多くの人と接することで、自分の相対的な位置がわか

ワーク 自分の位置の可視化

①縦軸、横軸に比軸しやすい基準をそれぞれ書いてください。
②ポジショニングマップで、自分の位置はどこか書き込んでください。

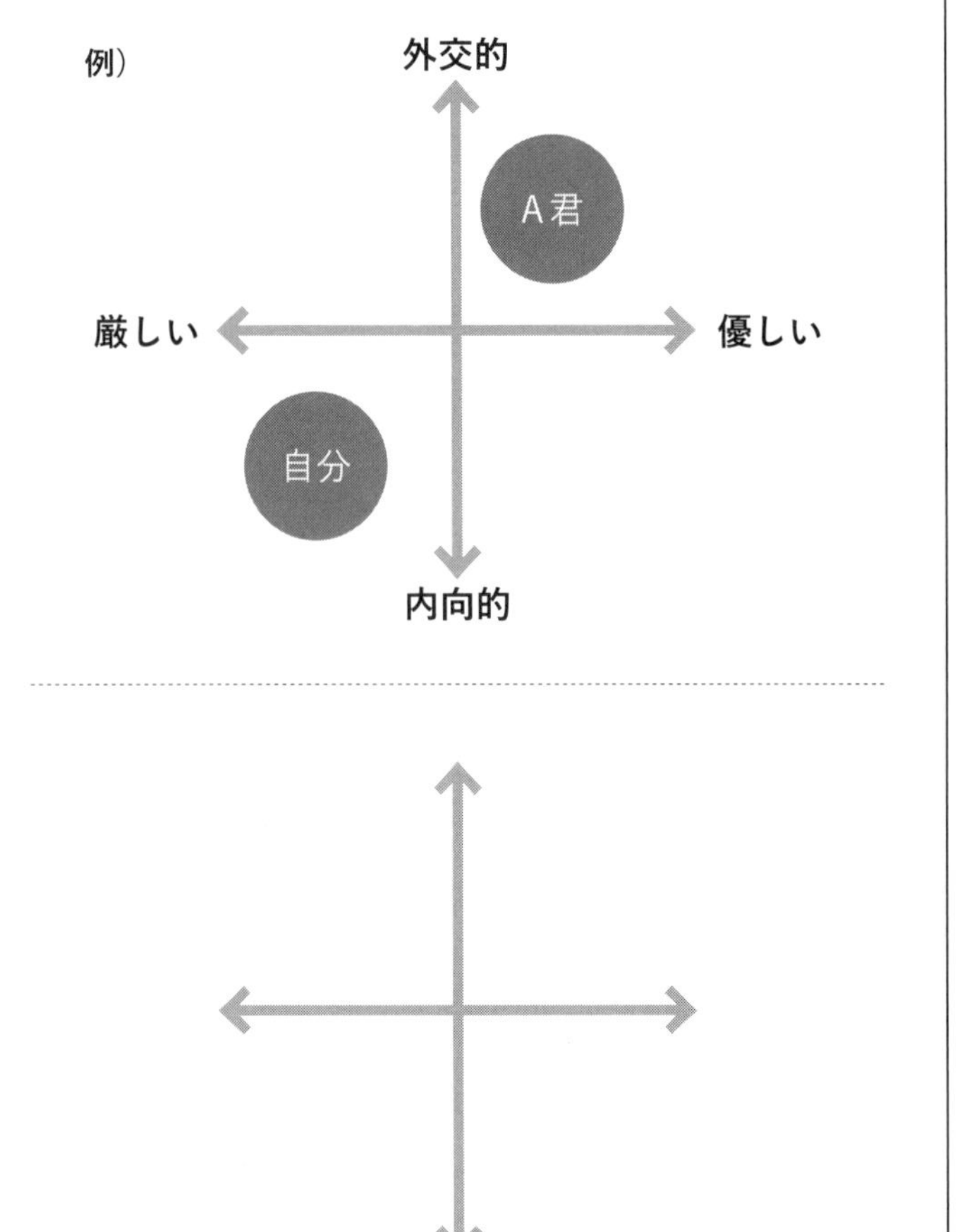

っていくものです。

こういった「相対的な理解」を視覚化したものが、右のページのような「ポジショニングマップ」です。

このように視覚化することで、より自分を理解しやすくなります。

「何を縦軸と横軸にするか?」には慣れが必要なので、まずは感覚的にやっていきましょう。やっていくとコツがわかってきます。他者との相対的な差を視覚化することによって、「自分はこの人よりこっちだな」と相対的に自分のことがわかるようになります。それらが自分を知る大きなヒントになります。

人生は自己探究の旅

自分を知るために、他者を知る必要はあります。
しかし、他者になる必要はありません。

君の人生の中心にいるのは、社会でも会社でも友達でも家族でもありません。
君の人生の中心にいるのは、君です。

経験が人をつくると言いますが、君の経験は君にしかできません。君と全く同じ感じ方をする人もいません。ですから、君にしか経験できないことから、君自身を知っていく必要があります。

君が君を知ろうとしないのはヘンですよね?

最も近くて、
最も遠い存在、
それが自分なのだと思います。

自分が考えている自分、
本当の自分、
それらは異なるものです。

最も知っているはずなのに、
最大の謎、
それが自分。

人生は、その謎があるからこそ、面白いのかもしれないですね。

Dive Into Yourself!

第3章　仕事とは？（今）

この章でわかること

❶「仕事＝嫌なこと」という仕事観が固定化してしまうと悪循環に陥る（P74）

❷楽しいことであろうが、嫌なことであろうが、仕事をしっかりやれば、お金はもらえる

❸今、持っている仕事観は、一旦、忘れるべき

一般的な仕事観

「仕事＝嫌なこと」

これが多くの人が仕事に持っているイメージではないでしょうか？

確かに、仕事をしていると大変なこともありますし、つらいことも起こります。「嫌だなあ」と思う瞬間もあります。「月曜日の朝が楽しみ！」「日曜日の夜は楽しみで眠れない！」という人は少ないですよね……（笑）。

「仕事は嫌なこと」だけど「生きていくためには必要」だと考えている人が多いようです。

自分がなくなっていって、社会の歯車になる感覚。

カラフルだった人生が、グレーに塗り潰されていく感覚。
大切な自分の時間を、奪われていく感覚。

社会人の初期の頃は、こんな感覚を持つ人が多いのではないでしょうか？
仕事に対する感情はネガティブなものが多いです。

このように「仕事＝嫌なこと」という仕事観が固定化してしまうと、悪循環に陥ってしまいます。

多くの人が陥っている悪循環

多くの人が陥っているのは、左の図のような悪循環です。

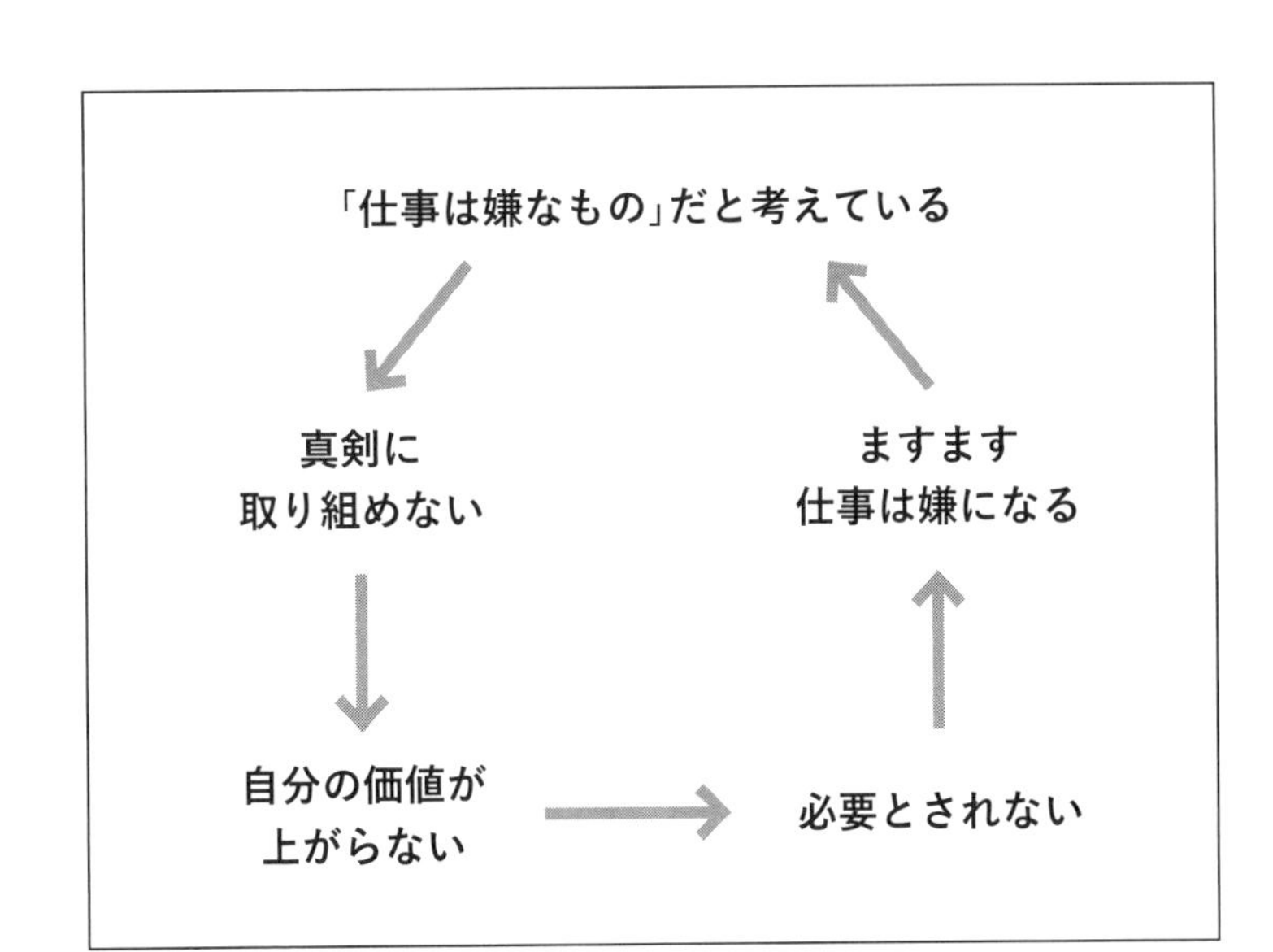

大なり小なり、この悪循環に陥ってしまっています。

自分の価値も上がらず、必要とされず、居場所がない状態です。

そして、仕事はずっと嫌なことのままです。

仕事を「嫌なこと」にする方程式

悪循環に陥ってしまう最初の原因は「仕事を嫌なものだと考えている」ことです。

ではなぜ「仕事は嫌なもの」だと考えてしまっているのでしょうか?

それは、私たちの多くが「仕事を嫌なことにする方程式」を持っているからです。方程式と言っても、難しいものではありません。次のような方程式です。

仕事＝嫌なこと＝お金がもらえる

「仕事」と「嫌なこと」と「お金がもらえる」がワンセットになっています。

「仕事は嫌なこと。嫌なことをするからお金がもらえる」そう考えていると、仕事は嫌なことじゃないといけなくなります。なぜなら「嫌なことをするからお金がもらえる」からです。嫌なことじゃなかったら、お金がもらえなくなってしまうのです。

このようにして、仕事を嫌なことだと捉えようとする心理が働きます。**「仕事は嫌なことだ」と無理に思い込もうとするようになります。**

そうなると、たとえ仕事をしていて、楽しいことや嬉しいことがあっても「楽しいと仕事じゃない。お金がもらえなくなる」という心理が働きます。そして「楽しかった仕事」や「嬉しかった瞬間」までも「嫌なことだった」と思い込もうとします。

わかりやすいように少し大げさに表現していますが、多かれ少なかれ、心の中では、このように「仕事を嫌なことにしようとする動き」が自動化されているのです。

そして「仕事は嫌なことだ」という仕事観が強く固定化されていきます。

「楽しいことをしてお金がもらえるわけがない」。多くの人は、そう考えています。

実際、仕事には嫌なこともあります。しかし、嫌なことであろうが、楽しいことであろうが、関係ありません。仕事をしっかりやれば、お金はもらえます。ですから、ムリやり仕事を嫌なことにする必要はないのです。

「仕事＝嫌なこと＝お金がもらえる」そういう心理がありませんか？

一度、心に聞いてみましょう。

悪循環を断つための解決策

負の連鎖を断つための解決策は「仕事は嫌なものだ」という仕事観を変えることです。

「仕事は嫌なものだ」という仕事観があると、真剣に仕事に取り組もうとしません。「どうやったら仕事を避けられるのか？」「どうやって仕事をやり過ごすか？」という考えになってしまいます。

真剣に仕事に取り組まずに、仕事ができるようになるのは難しいです。

仕事ができないと、必要とされなくなります。

必要とされなくなると、自分の居場所はなくなっていきます。

居場所がなくなると、自分の尊厳や存在価値が低いと感じてしまいます。

ますます仕事が嫌になってしまいます。

ですから、負の連鎖の出発点である「仕事は嫌なものだ」という仕事観を変えること

■悪循環を断つためのサイクル

「仕事は嫌なもの」だと考えている

仕事は嫌な
ことではない

真剣に取り組めない

真剣に
取り組む

ますます仕事が嫌になる

ますます仕事が
好きになる

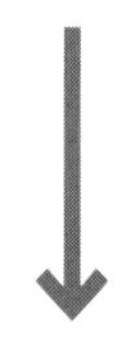

自分の価値が上がらない

自分の価値が
上がる

必要とされない

必要とされる

が最も簡単な解決策になります。

悪循環から善循環に変わると、本当に楽になります。

仕事を再定義する

今、持っている仕事観は、一旦、忘れましょう。

仕事を見直し、仕事を再定義していきましょう。

仕事の本質を理解するためには、これまでの「幸せとは？」「君とは？」「仕事とは？（今）」と同じように「近くて遠い存在の4つのこと」を考える必要があります。

「経済とは？」「お金とは？」「会社とは？」「人生とは？」

次章から一緒に考えていきましょう。

第4章 経済とは？

この章でわかること

❶ 仕事は経済という枠組みの中で行われているため「経済」を理解していないと、仕事を理解できない

❷ 経済活動の本質は（1）任された分野に集中する（2）生産性を上げる（3）交換して補完し合う

❸ 仕事をすることは、それだけで社会貢献になる

❹ 社会や仕事は「君の価値は？」という質問を突きつける。この質問と向き合った先に「居場所」がある

魚と米の話

「経済って何ですか?」
そう聞かれて、明確に答えられる人は少ないと思います。

仕事は経済という大きな枠組みの中で行われています。
ですから「経済」を理解していないと、仕事を理解することはできません。

経済に関して一緒に考えていきましょう。

ヒトは社会をつくって厳しい野生の王国で生き残り、経済をつくって豊かさを発展させてきました。その発展の歴史の中で、経済は複雑化してきています。あまりにも大きくて複雑な対象を理解するには、まず、シンプルに考えてみることです。大切なのは本質です。様々な要素を削ぎ落として「本質は何なのか?」と考えてみましょう。

君が何らかの事故で無人島に取り残されたとします。何とか生き残り、海で「魚を取り」田んぼをつくり「米を育て」ながら暮らしています。

一方で、君の友人は無人島の反対側に取り残されて暮らしていました。お互いが無事に生き残っていることは知りません。友人も君と同じように魚と米で暮らしていました。

君と友人の能力が同じだったとすると、この時点での島のＧＤＰは図Ａです。

君も友人も一人で「魚を10取り」「米を10育てる」ことができる状態です（10という単位は、人が生きていくために必要なギリギリの魚と米の量だと考えてください）。

ＧＤＰと言われただけで拒否反応が出てしまう人もいるかもしれません。でも、そんなに難しくはないです。ＧＤＰとは「特定の地域（国）で人が生産した物やサービスの

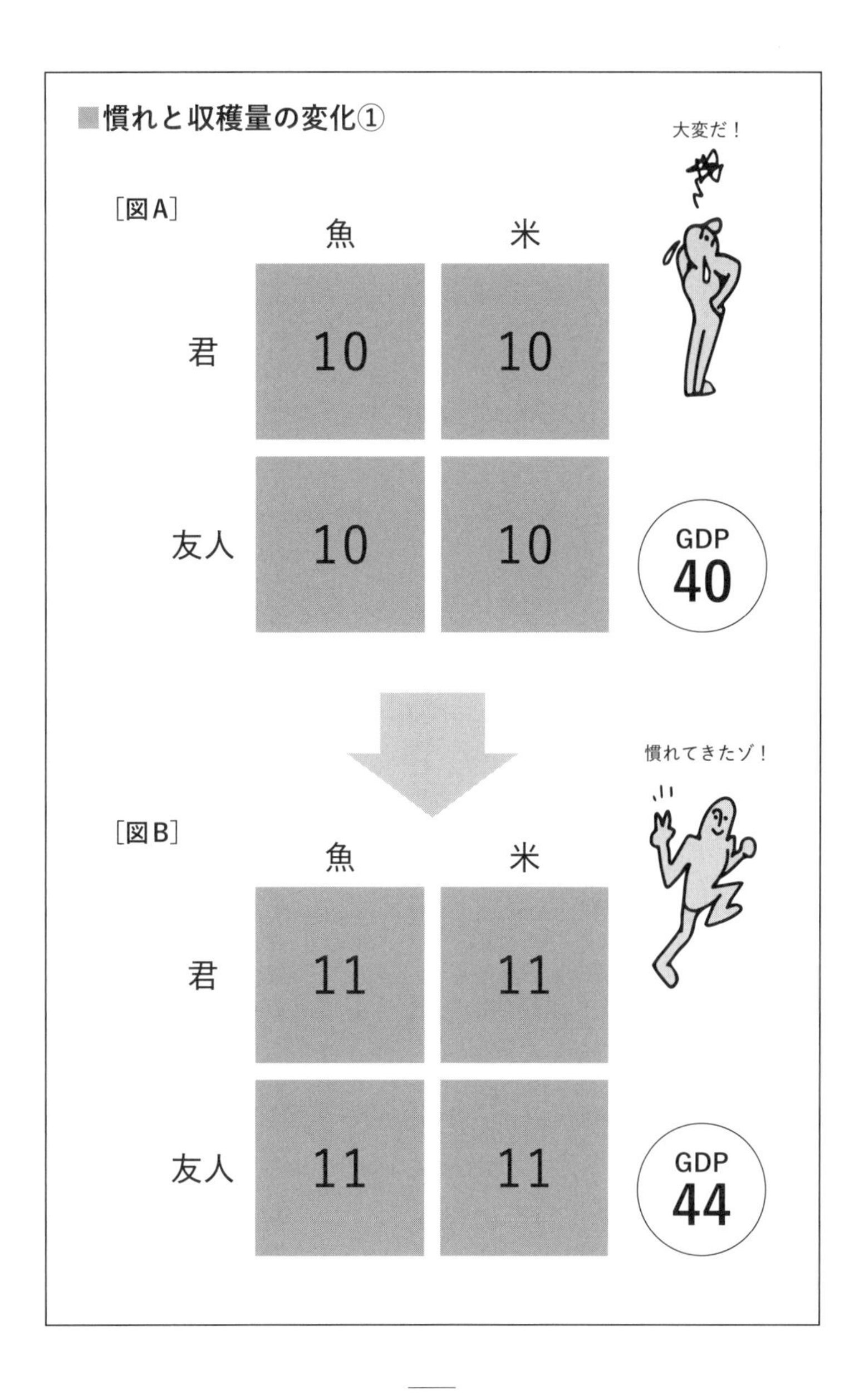
■慣れと収穫量の変化①
大変だ！
[図A]
魚
米
君
10
10
友人
10
10
GDP
40
慣れてきたゾ！
[図B]
魚
米
君
11
11
友人
11
11
GDP
44

総量」のことです。この無人島では「40」です。GDP40だと何とか生き残れますが、ギリギリの生活で毎日お腹が減っている状態です。

しばらくすると、2人とも慣れてきて「魚を取れる量」と「米を育てる量」が少し多くなりました。GDPは44になりました（P87図B）。少しですが、お腹が空く日が減りました。

最初にやった時よりも、何度もやった後のほうが上手くなっている。そんな経験は、誰もがしたことがあると思います。その関係性を表したのが左の「経験曲線」です。

人は、同じことを何度も経験すれば、習熟して生産性が上がっていくということです。

ある時、島を探索していた2人が偶然、再会しました。リアルに想像すると、めちゃくちゃ嬉しいでしょうね（笑）。そして頻繁に会うようになりました。たった独りで寂しく生きているより、仲間がいるのは幸せなことです。

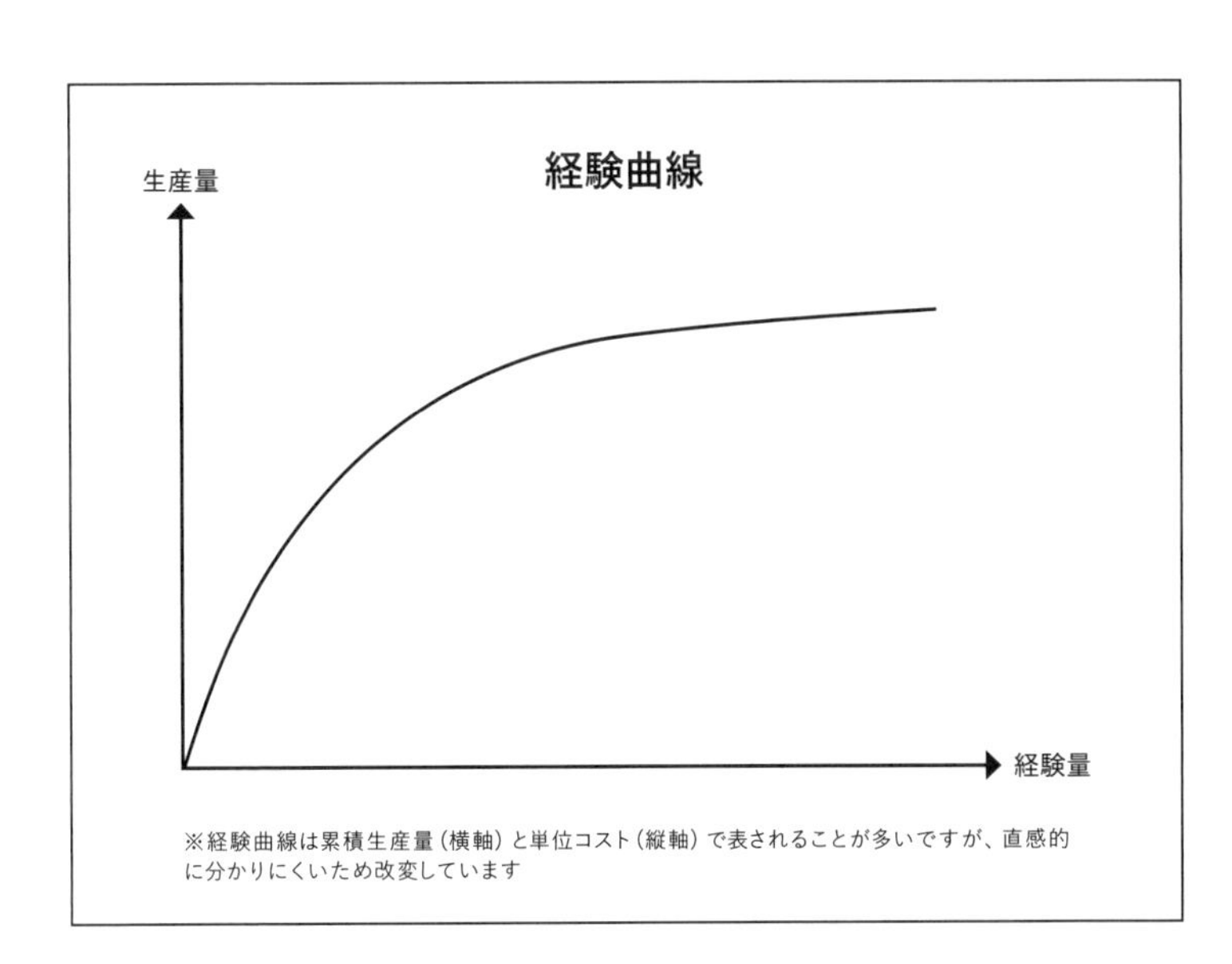

2人は独りで暮らしていた時よりも、はるかに幸せでした。しかし、同じように、それぞれが魚を取り米を育てていたのでGDPは44のままです。生活は苦しいままでした。

しばらくした時、君は気づきました。自分が魚を取る量が友人より多く、米を育てる量は友人のほうが多かったのです。この時の状態は図C(P90)でGDPは46です。経験曲線が効いてきて、少しずつ改善されています。しかし生活は苦しいままで、お腹が減っている日々は続いています。

ある日の夜、2人で一緒に焚き火を囲んで

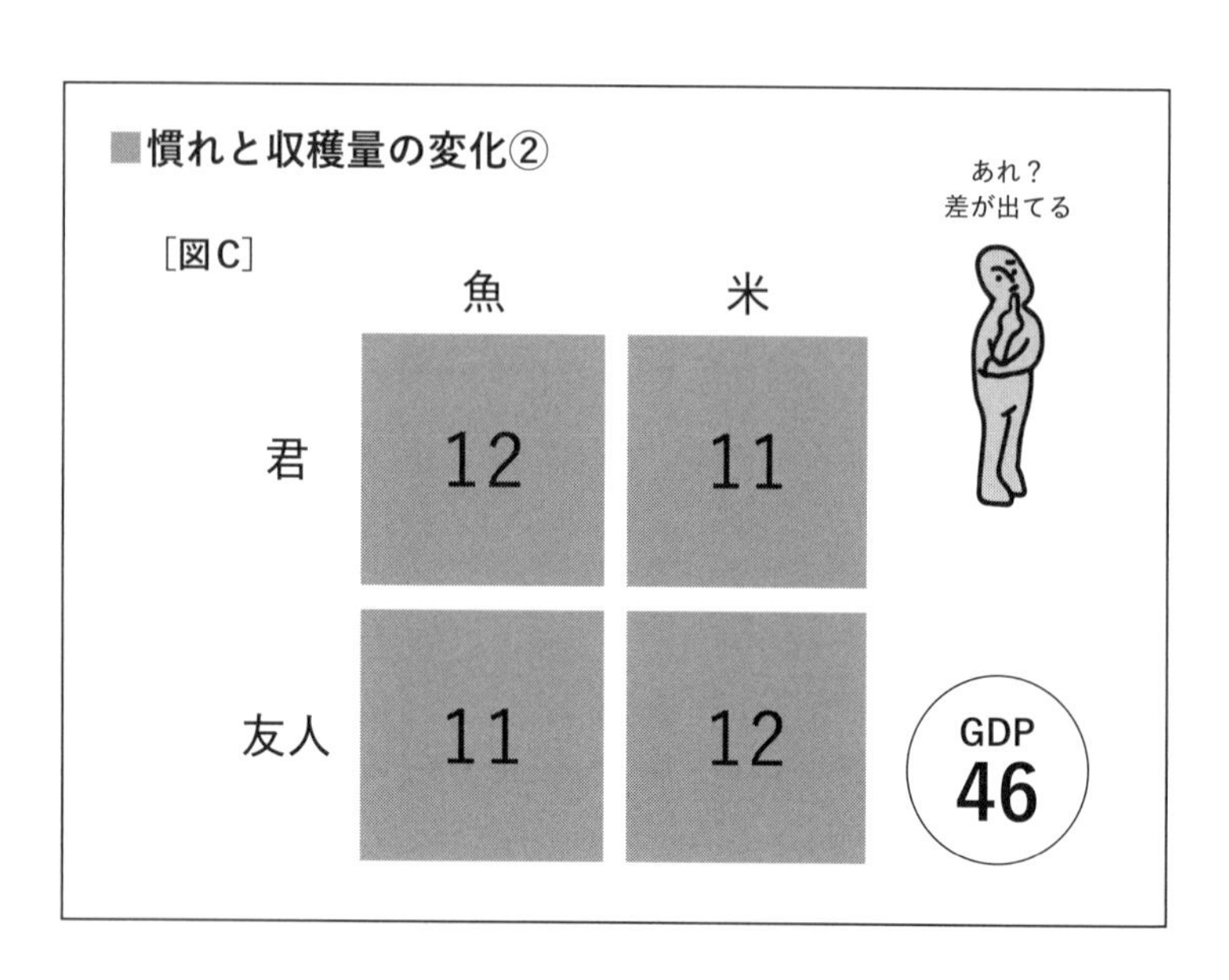

魚と米を食べていた時に、驚くべきことがありました。友人が「米を育てるのって楽しいよなあ」と言うのです。君は「米を育てるのって面倒だなあ」と思っていたからです。

「えー、そうなの？　魚を取るほうが楽しくない？」と君は言いました。すると友人は「えー、魚を取るのは大変だよね…」と言います。

君と友人は、その時、お互いの理解を深めました。

そして、お互いを信頼し、2つのことを決めました。

「それぞれ楽しいほうだけをやろう！」

「やらなくなったほうは交換すればいい！」

君は楽しいほうの魚を取ることに専念することにしました。そして米を育てるのを友人に任せました。

友人は楽しいほうの米を育てることに専念することにしました。そして魚を取ることを君に任せました。

それぞれが楽しいと思うほうに専念することにしたのです。そして、君は取った魚の半分を友人が育てた米の半分と交換することにしました。そうすれば、やっていないほうも、それぞれが食べることができるようになります。

それぞれの役割に専念して交換しただけなのに、GDPは48（P92図D）になり、それぞれが得た魚と米の総量は24になりました。しかし、それだけでは終わりません。

専念してみてわかったのは「何てラクなんだ！」ということです。全ての時間を楽し

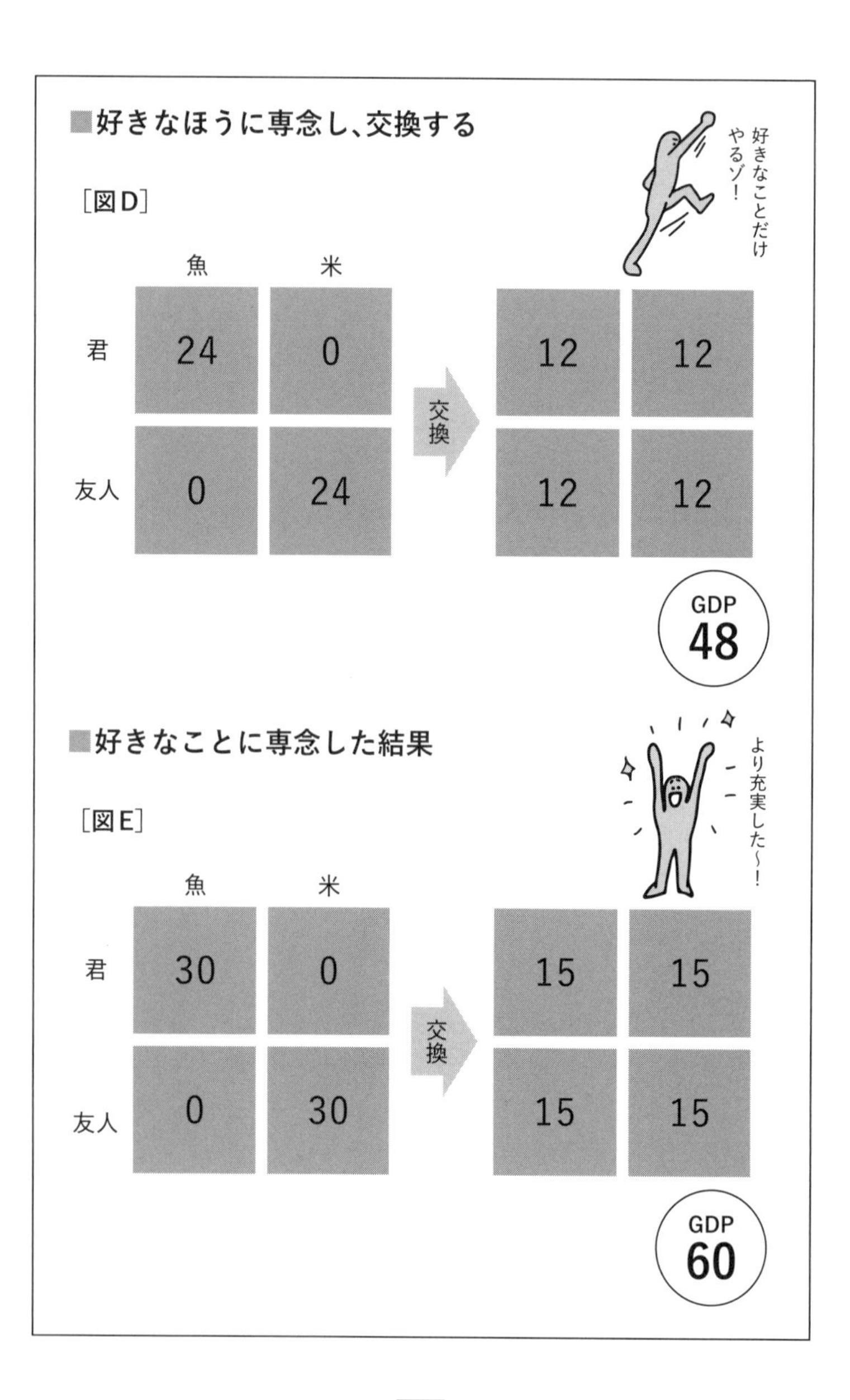
■好きなほうに専念し、交換する
好きなことだけやるゾ！
[図D]
魚
米
君
24
0
友人
0
24
交換
12
12
12
12
GDP
48
■好きなことに専念した結果
より充実した〜！
[図E]
魚
米
君
30
0
友人
0
30
交換
15
15
15
15
GDP
60

いほうに使えて、嫌だなあと思っていたほうには時間を使わなくて良くなったのです。こんなに良いことはありません。精神的に、すごく楽になりました。

さらに、今まで嫌なことをやっていた時間を楽しいほうに使えるので、習熟度が飛躍的に上がります。君は魚を取るのがさらに上手くなり、友人は米を育てるのがさらに上手くなりました。

GDPは60(図E)になり、お腹が空いて食べるものがないという日がなくなりました。そして、君と友人は、さらに、それぞれの役割を上手にできるようになり、GDPは増えていき、幸せに暮らしました。

これが「経済」の始まりです。

経済活動の本質

自分たちに密接な関係があるにもかかわらず、複雑で理解しにくいなあと感じることの代表である経済も「米と魚の話」で考えると、本質がギュッと理解できたのではないでしょうか？

経済を理解するために、色々なものを削ぎ落とし、シンプルにしてわかる本質的なことには、３つのポイントがあります。

【経済活動の本質】

（1）任された分野に集中する

（2）生産性を上げる

（3）交換して補完し合う

それぞれを確認していきましょう。

(1) 任された分野に集中する

人が生きていくために必要なものは、たくさんの種類があります。わかりやすいように「魚と米の話」では「魚も必要だけど、米も必要」という、2つの種類に絞ったシチュエーションにしました。


君と友人は、「楽しさ」や「面倒」という感情をキーにして〈役割分担〉を決めました。

君は魚を取ることを友人から任され、米を育てることを友人に任せました。

友人は米を育てることを君から任され、魚を取ることを君に任せました。

君と友人は、それぞれ任されたことに集中することにしました。


自分が必要なことの「全てを自分が行う」のではなく、役割分担を決めて「自分が任されたことに集中する」というのが、経済活動の最初のステップです。

(2) 生産性を上げる

任されたことに集中するだけで、人は生産性を上げることができます。
それには2つの理由があります。

【生産性が上がる2つの理由】
①時間が増える
②経験曲線が効いてくる

①時間が増える

1つのことに集中できるようになったことで、今までやらないといけなかったことが減って時間が増えます。君は魚を取りに海まで行くだけになり、田んぼを往復するための時間が必要なくなったので、魚を取るための時間が長くなるということです。

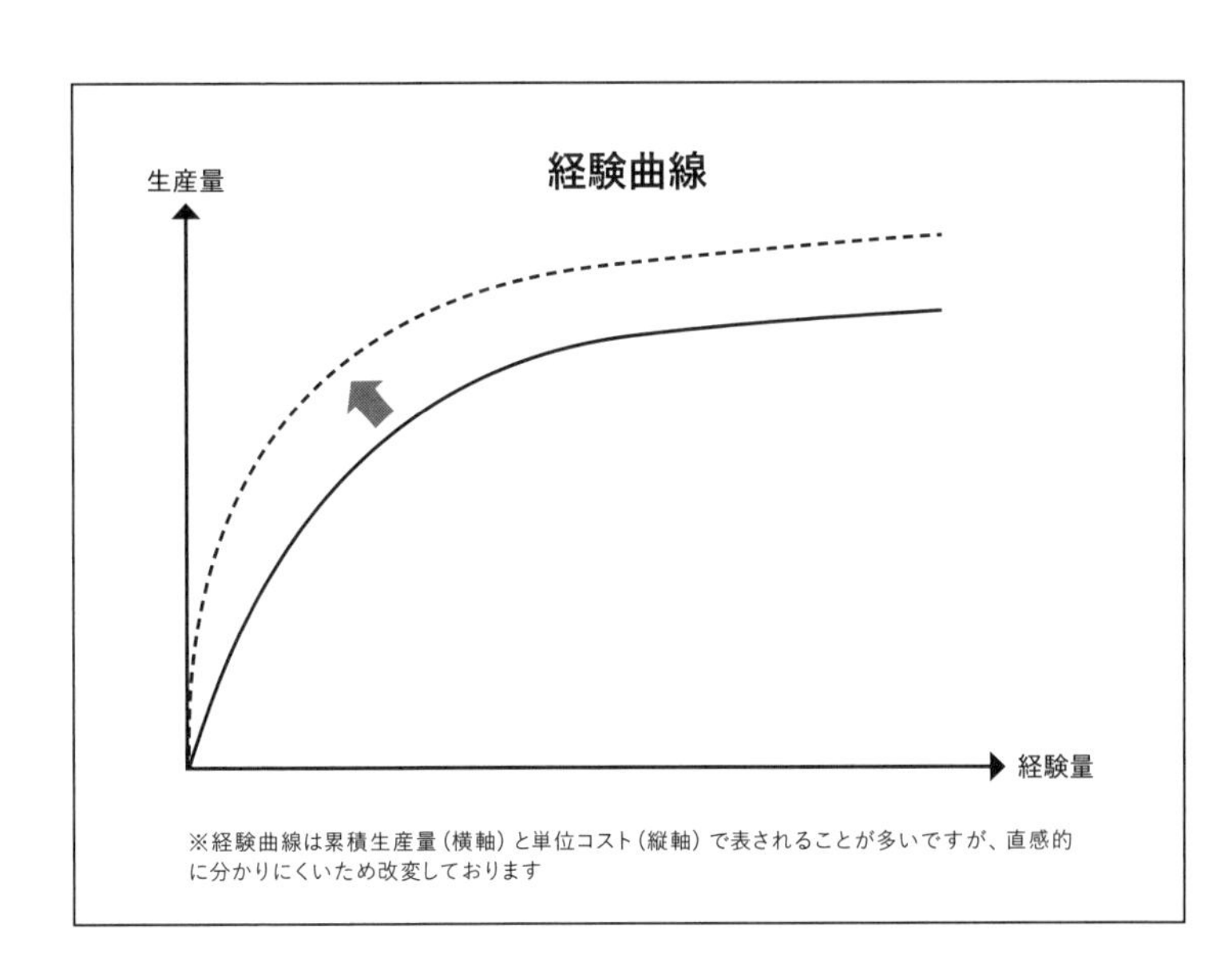

②経験曲線が効いてくる

専念する分野が楽しかったり得意だったりすると、経験曲線のカーブ（傾き）が大きくなります。ですから、さらに生産性は上がります。

苦手なことで成果を得るには、時間がかかってしまうことが多いです。

ですから、苦手なことにかけている時間を得意なことに向ければ、生産性の向上を加速させることができるということです。

（3）交換して補完し合う

（1）と（2）で見たように、役割分担をして得意な分野に集中することができれば、生産性を上げることができます。

しかし、それだけだと問題が起きます。君が生産性を上げて、より多くの魚を取ったとしても、魚しか食べられません。友人も同じで、生産性を上げて、より多くの米を育てたとしても、米しか食べられないことになってしまいます。

この解決策として生まれたのが「交換する」ということです。

君が取った魚の半分と、友人が育てた米の半分を交換すれば、お互いが魚と米にありつけます。しかも、自分で魚と米の2つをやっていた時よりも、多くの魚と米にありつけるわけです。

必要だけど「面倒だなあ」と思っていた米づくりを友人に任せて、自分でやらなくて済むようになっただけでなく、今までより多くの米が手に入るようになったのです。君の歓喜の声が聞こえてきそうです（笑）。

現代の経済は、とても複雑化しています。でも、本質的には簡単なことです。簡単なことだけど、ヒトが他の動物たちとは圧倒的に違う豊かな生活ができるようになったのは、経済社会を築いたからなのです。ですから、経済活動というのは、人の人たるゆえんの活動と言っても言い過ぎではないと思います。

ここまで経済活動の本質を見てきて、薄々感じている人も多いと思いますが、**仕事と経済活動の本質は同義と言ってもよいです。**

経済活動の本質 ＝ 仕事

最後に、まとめておきましょう。

経済活動とは**「自分が任されたことをやり、苦手なことは他者がやってくれて、お互いが創出した価値を交換することで、快適に生きることができるようになった社会システム」のこと**です。

社会貢献とは？～白い白鳥～

「社会貢献性の高い仕事をしたい」そう感じている人は多いと思います。しかしながら「経済活動の本質」で見てきたように、そもそも仕事の一つ一つが社会に貢献しています。

ですから「社会貢献性の高い仕事」という表現は「白い白鳥」と言っているようなものです。

仕事は、それ自体で社会に貢献している活動です。

ヒトは経済活動をすることによって豊かな社会をつくってきました。仕事は、その経済活動を動かしている基本の活動です。個人が行うそれぞれの仕事が絶妙に関係し合い、大きな成果を生み出して社会を前進させています。**ですから、仕事をすることは「それ自体で社会貢献をしている」のです。**

社会貢献というとボランティアが頭に思い浮かぶ人が多いと思いますが、仕事に真剣に取り組んで価値を提供することこそが社会貢献の土台です。ボランティアに行っている人が、とりわけ「偉いねぇ」と言われる風潮はたしかにあります。しかし、仕事に一生懸命に取り組んでいるだけで、十分に社会に貢献しているのです。

少しだけ厳しい言い方をすると、ボランティアは楽な活動だなと思います。人の役に立つ活動を行って、その対価をもらわないのですから、それは喜ばれるに決まっています。これは裏を返すと、それほど高いレベルのことを提供しなくても喜ばれるということです。

仕事は違います。対価をもらう以上は、一定レベルの価値を創出しないといけません。それは簡単なことではありません。ですから楽ではありません。

もちろん、ボランティア活動を否定しているわけではありません。世の中には、お金という対価は得にくいけど大切なこともあります。**しかし、社会貢献したいならボランティアだけが選択肢だとは思わないで欲しいのです。**仕事で社会に価値を安定的に提供できる存在になっていくほうが、社会にとっては重要なのです。

仕事が君に突きつける質問

経済活動の本質である仕事が、君に突きつけてくる質問はこうです。

「君に任せられる分野は、どこなのか？」「君が生産性を上げてくれる分野は、どこなのか？」

「魚と米の話」でも、君と友人の2人がつくった社会が豊かになったのは「経済活動の本質」の3つのポイント「（1）任された分野に集中する（2）生産性を上げる（3）交換して補完し合う」を満たしたからです。

この3つのポイントが揃わないと社会は豊かになりません。腹を空かせる日々が続きます。ですから「社会は3つのポイントをサボることを許してくれない」のです。

「社会とは？」を簡単に定義すると「人が集まり、一緒に何らかの活動をして、生存の確率を上げ、生活の安定性を保ち、一緒に豊かになっていくグループ」と言えます。ですから、人がつくる社会では、グループの構成員である一人ひとりに「3つのポイント」を求めるのです。

3つのポイントを実現するために、社会や仕事が君に突きつける質問をまとめると、こうなります。

「君の価値は?」

君の価値と居場所

「魚と米の話」の続きを見てみましょう。

しばらくすると無人島に3人目が漂流してきました。君と友人と同じように、最初は何もできません。君と友人は経済を築きあげていたお陰で生活レベルは上がっていましたが、倫理観も高かったため、3人目に魚と米を与え続けました。当然、自分たちの分は減ります。再び空腹になる日が増えました。

しかし、この3人目がその状況に甘えて全く何もしなかったら、どう感じるでしょうか? 魚も取らず、米も育てず、手伝うこともせずに、ただただ無人島を歩き回っているだけだとしたら? 何を感じるでしょうか?

そんな状態が続けば「いい加減にしろ!」と言いたくなりますよね? 君と友人が命がけで魚を取り米を育てているにもかかわらず、散々遊んで帰ってきて「ご飯、まだ?」なんて文句を言われようものなら、海に返してやろうかと思います(笑)。このような状況は、私たちが社会に出るまでに両親や家族に対して往々にしてやってしまっていたことです。それは社会に入りたての社員がいる会社でも起こっています。

君と友人に生かされていた3人目は「居場所のなさ」を感じていました。最初は魚を取ることや米を育てることを手伝ったりもしていましたが、魚を取る場所と田んぼも、限られた狭い場所であることから、手伝っても大きな生産性の向上にはつながらない状況でした。あまり得意でもありませんでした。ですから、君と友人を手伝いながらも「何か役に立てる方法はないか？」と考えながら暮らしていました。

君と友人が魚と米を提供し続けたことで、3人目も無人島の暮らしに慣れてきました。そのあいだ、**3人目が社会の中で突きつけられた質問は「君の価値は？」ということです。**

「社会が提供した価値の対価として、何を提供してくれるのか？」そう社会は問い続けます。それは社会の一員であるための義務のようなもので、経済社会に生きている私たちが考えないといけない質問です。

そんな社会の成り立ちの中で、3人目は有益な石を発見します。その石は簡単に燃える上質の石炭でした。3人目が木炭のように燃える石炭を発見してきたことで、生活は一変しました。火を燃やすことが容易になり、魚と米の料理にかかる時間が短くなったばかりでなく、夜中に火をつけておくことで、獣たちから身を守って安全に暮らせるようになりました。夜でも家の周辺で活動することもできるようになりました。

3人目は「石炭を探して採掘（さいくつ）すること」が役割になりました。安全になり、活動できる時間も増えたことで、魚を取る道具をつくる時間ができました。米を育てるための道具をつくることもできました。それによって3人で暮らしても十分なGDPを保つことができるようになりました。

3人目は、君や友人とは違う「石炭の採掘」という価値で社会の一員となったのです。それが居場所になりました。

人は、自分独りで完全に自給自足をして生きていけるのではない限り、社会から何らかの価値を受け取っています。

3人の社会である無人島では、君は魚を取って米と石炭を受け取っているだけですが、現実の社会では、本当に多くの価値を受け取っています。それらの価値は、自分ではない他の誰かが生み出して提供してくれたものです。

この事実を深く理解しておくことは、とても重要なことです。しかし、あまりにも当たり前になってしまって自覚しにくいので、次のページに人から提供されたモノやサービスを書き出してみましょう。

明日の朝から自分が使ったモノやサービス（＝社会から提供されたもの）をカウントしてみてください。一体、どれくらい「自分が必要だけど、自分がつくっていないもの」があるでしょう？

トイレの便器、流す水、トイレットペーパー、顔を洗う水、歯ブラシ、歯磨き粉、ペットボトルの水、コーヒー、食パン、服、靴……私たちが使っているもので自分が作ったものは、ほとんど何一つありません。

自分が提供できる価値は少数、社会が提供してくれている価値は多数。

ワーク 自分が1日で使ったモノやサービスのリスト

1. ______
2. ______
3. ______
4. ______
5. ______
6. ______
7. ______
8. ______
9. ______
10. ______
11. ______
12. ______
13. ______
14. ______
15. ______
16. ______
17. ______
18. ______
19. ______
20. ______

だからこそ「自分が提供できる数少ない価値の一つ」である「仕事」は重要です。


「社会の中で、何を担（にな）うのか？」

「何が得意なのか？」

「君の価値は？」


自分だけの問題ではなく、社会の一員としても考えていきましょう。

これらの質問に向き合っていった先に、「自分の居場所」があります。

第5章　お金とは？

この章でわかること

❶お金に追われ続けたくなければ、嫌悪感をなくし、お金を追いかけてみるべき

❷「価値の保存と交換」を可能にしたのがお金

❸お金を持っている人は社会に貢献している⁉

❹人生の選択肢を増やせるのはお金

❺お金を持てるようになるためには、2つの出発点がある（P130）

お金に対するネガティブな心理

「常識とは18歳までに身につけた偏見のコレクションでしかない」

相対性理論で有名な物理学者アルベルト・アインシュタインが遺した言葉です。お金に対する偏見も、このコレクションの一つと言っていいでしょう。

ほとんどの人は、お金を偏見だけで見ています。
お金ほど、偏見によって過小評価されている存在はありません。

人がお金に対して持っている心理は、とても不思議です。
誰もが本音では欲しいのに「嫌な存在」と思わないといけないと感じています。
アンビバレントな感情を持っているのです。

「お金大好き！」と発言しようものなら、人格を疑われかねません。お金はヒール（悪役のプロレスラー）のようです。本当は良い人なのに、悪役と認識しないといけない。そんな「お金を悪者にしよう」とする強制力のようなものが働いています。

社会全体がそのような刷り込みを続けるので、お金に対して「ネガティブな心理」や「負の感情」を偏見として持ってしまうのは当然のことです。あまり深く考えずに、ただただ「そういうもの」として捉えています。

そして、お金に対して汚いものでも扱うように否定的な態度を取り続けます。お金をたくさん持っている人を揶揄したりします。

そうやって忌み嫌っておきながら、日々、お金のことは何度も考えます。

「今日のランチはあの店に行きたいけど高いしな…」「旅行に行きたいけど、お金がかかるなあ」「結婚したいけど、資金は大丈夫かな？」「住宅ローンの支払いが厳しいな」「あれは高いから、こっちにしよう」「あれは買えないからあきらめよう」「もっとお金があれば楽になるのにな」……お金が関係していることは多いです。

お金のことを深く考えない人は、お金のことを考えないといけなくなります。

お金のことを深く考えておかないと、お金の扱いが下手なままで、お金を持てるようにはなりません。そうすると日々お金のやりくりを考えないといけなくなります。「お金のことを考えるのは卑しいことだ」と考えていながら「お金のことを考えざるをえない」ようになるのです。それはつらい状態です。幸せではありません。

そうならないためにも、**まずできることは「お金のことを知っておく」ことです。**

本当にお金は汚いものなのでしょうか? 忌み嫌うべき存在なのでしょうか? 先入観で悪い印象がこびりついてしまったお金の「本当の姿」を一緒に見にいきましょう。

お金の正体

お金は、あまりにも「当たり前の存在」になり過ぎています。ですから、本来、お金が持っている意味を十分に理解できていない人が多いです。

「お金がどうやって生まれたのか？」お金の始まりを確認してみましょう。

第4章「経済とは？」で確認した「魚と米の話」には続きがあります。無人島で暮らす君たち3人は、それぞれの仕事である魚と米と石炭が、**たくさん取れる時と取れない時の「バラつき」があることに気づきました。**お互いが全力を出しての結果であれば、それは仕方ないと考えていました。ですから、バラツキがあってもキッチリ3等分して交換していました。

特に魚が取れる量は、日によって大きく違うことがあります。天候によっても大きく左右されます。それが天候などの不可抗力によるものなら許容できます。しかし、ただサボっていただけだとしたら？　他の2人が頑張っているのに不公平になります。

不公平があってはいけないので、お互いを信頼し合ってはいましたが、念のために記録をつくって、**それぞれが頑張って提供してくれた価値を証明することにしました。**

それを「貢献証明書」と名付けました。これがお金の始まりの始まりです。

お金＝提供した価値の証明書

次の問題が起こります。米や石炭は保存ができますが、魚は保存が難しいのです。今日取った魚は数日後には食べられなくなってしまいます。しかも、魚は常に取れるわけではありません。天候や潮流に大きく左右されます。ですから、取れるときにたくさん取れるけど、取れないときには取れません。

しかし、魚を取ることが役割の君は、毎日、米も石炭も必要です。**魚が取れる時は良いのですが、取れない時には物々交換ができなくなってしまいます。**

君たちは、冷たい空気が保たれている洞窟(どうくつ)の中に3人共有の保管倉庫をつくり、魚を保存することにしました。そして「魚の貢献証明書」を3等分した証明書を、それぞれが保有することにしました。それらを、いつでも魚と交換することができるようにしました。こうすると「魚の貢献証明書」を出せば、いつでも倉庫に保存された魚と交換することができます。

魚という「価値」を保存できるようになったわけです。

これで3人は「魚の貢献証明書」を持っている限り、それを使って等価の魚を不公平なく得ることができるようになりました。

4人目、5人目と漂流者は増えて、無人島の社会は複雑化していきます。家をつくったり修理することを担当する人、必要なものを運搬することを担当する人と、役割が増えていきました。

こうなると物々交換するのが、さらに難しくなります。

100個の黄金に輝く石があったので、それを価値の証明書の代わりにしました。黄金の石1つと魚3が「交換」できるというような「約束」をつくりました。

これが、お金の始まりです。

お金は大切なものです。しかし、お金そのものに価値があるわけではありません。

価値は「お金が証明する価値」にあります。

自分が提供できる価値は、価値が提供できる瞬間には、自分が欲しい価値と物々交換することが難しい場合が多いです。ですから、価値を仲介する役割としてお金が生まれました。

お金の定義をしておきましょう。

お金は価値の交換券

「お金持ち」の意味を深く考える

お金持ちに対するイメージは、どんなものでしょうか?

「悪いことをしている」「ケチだ」「なんか嫌いだ（笑）」というような否定的なイメージではないでしょうか？　多くの人は、お金持ちに対して無条件に嫌悪感を持っています。

これらの否定的なイメージは、お金と同じように偏見的な嫌悪から生まれています。偏見や先入観があると、正しい理解をするのが難しくなります。ですから「お金持ち」のことを冷静に考えてみましょう。

お金持ちというのは、お金を持っている人のことです。

それでは「お金を持っている」というのは、どういう状態でしょうか？

「経済活動の本質」から考えると、次のようだと言えます。

持っているお金＝自分が提供した価値－自分が利用した価値

魚と米の話で言えば、君は魚を提供しています。そして、米を利用しています。同じように、私たちは価値を提供して対価としてお金を得ています。そして、そのお金を使って、社会から価値を買って利用して生きています。

この関係から、3種類の人がいることがわかります。

①お金持ち：提供＞利用（利用するより、提供した量が多い）
②お金なし：提供＝利用（利用した量と提供した量が同じ）
③借金状態：提供＜利用（利用するより、提供した量が少ない）

①〜③の中で、誰が最も社会に貢献しているのでしょうか？

①の「お金持ち」は、自分が社会から利用した価値よりも、自分が社会に提供した価

値のほうが大きいということです。

②の「お金がない」ということは、自分が社会に提供した価値と自分が社会から利用した価値が同じで「等価交換」しただけです。

③の「お金がマイナス」ということは、自分が社会から利用した価値よりも、自分が社会に提供した価値のほうが少ないということです。

お金を持っている人のほうが、社会に貢献していませんか？

もちろん「社会貢献とは？～白い白鳥～」（P100）でも確認したように、仕事をするだけでも社会貢献的ではあります。でも、もう一歩、先に進められるのが理想だと思います。

「自分が提供した価値－自分が利用した価値」をプラスにすることで、初めて社会に貢献できたと言うことができるのではないでしょうか？

持っているお金＝提供した価値－利用した価値＝余剰の価値＝社会貢献

このように、お金を持つことの意味を冷静に考えれば、お金持ちほど社会に貢献していることがわかります。

もちろん、悪いことをしてお金を得る人はいます。しかし、そうやってお金持ちになった人は、世の中に存在するお金持ちの中で少数です。少数が存在してしまうこと自体も良くないことですが、長続きしないことがほとんどです。社会という目は、よく見ています。悪いことをしてお金を得ている人など、社会が許さないのです。

お金持ちに対して「欲深い人」という偏見を持っている人が多いです。しかし、実際どちらが欲深いのでしょうか？　自分が社会から利用している価値よりも、自分が社会に提供している価値が少ない人のほうが、欲深いのではないでしょうか？

お金持ちは、自分が提供した価値よりも、つつましく生きているのです。
お金がない人は、自分の提供した価値よりも、贅沢に生きているのです。

少数の悪いお金持ちを見て、お金持ち全体を否定するのは間違いです。

「人生お金じゃないよ」と言いたい気持ちもわかります。友情や愛など、お金と直接的に交換できないこともあります。しかし、お金があったほうが人生の彩りは豊かになることは間違いありません。

「3億円をあげる。何の見返りもいらない。絶対に誰にもバレない」と言われたら？
君は、断りますか？

ほとんどの人が断らないはずです。
多くの人が、お金を嫌悪しながらも、本音ではお金を欲しいと考えています。

ですから、お金持ちに対する嫌悪感というのは、お金持ち自体が悪いからではなく、自分がお金を持てないことから生まれる妬みではないでしょうか？　自分が価値を多く使ってしまっているという罪悪感を少しでも和らげるためのスケープゴートにしているのではないでしょうか？

一度、冷静に考えてみましょう。

少なくとも、お金を持つことに対する嫌悪感をなくしていきましょう。
お金を持つことは、悪いことではありません。

人生の自由度

自由とは「やりたいと思ったことが、やりたいと思った時に始められ、やりたくない

と思ったことが、やりたくない時にやめられる」そんな力を持っていることです。

「ニューヨークに行ってみたい」

そう思った時に、すぐに行ける自由があるでしょうか？

「仕事を休まないといけない」「家族は許してくれるかな？」「お金がない」などなど、行けない理由は色々と出てくると思います。しかし、行けない原因の根源はお金にあることが多いのではないでしょうか？

人生の選択肢は、お金によって制限されます。

社会は自分が提供した価値以上に、社会から価値を利用することを許してくれません。

仕事をしなくても生活は安泰というほどのお金を持っていれば、行きたい場所に、いつでも行けるでしょう。他の誰かに替えが効かないような価値の高い仕事をしていれば、休むことも受け入れてもらえるでしょう。そもそも、それだけ価値の高い仕事をしていたら、お金の問題も少ないはずです。

君の「人生の自由度」は、どれくらいでしょうか？

「明日、ニューヨークに旅立てますか？」なかなか難しいですよね……。

人生の自由度は、お金に左右されています。

君の価値と持っているお金によって決まるのです。

お金は価値の交換券ですから、お金を持っていれば、社会に提供されている様々な価値と交換することができます。急にニューヨークに行きたいと思ったら行けます。旅費を賄う（まかなう）こともできますし、仕事を休むこともできます。家の掃除をやる予定だったとしても、代行業者にお願いすることができます。お金持ちは人生における選択肢が多いということです。

それは悪いことをしているわけではありません。自分が提供した価値と交換しているだけです。自分が提供した価値が大きければ、その分だけ大きな他の価値と交換できます。

このように、人生の選択肢を決めているのは、君が社会に提供した価値から利用した価値の差額の大きさなのです。

そして、それは「自由」をもたらします。
与えられた自由ではなく、社会に貢献しながら、勝ち取った自由です。

持っているお金 ＝（提供した価値 － 利用した価値 ＝ 余剰の価値 ＝ 社会貢献）＝ 自由

社会に十分な価値を提供して貢献できていれば、自分が好きなことを好きな時に好きなだけ好きな方法でできるようになります。

人生は、どうせなら選択肢が多いほうがいいです。
自由を勝ち取っていきたいですね。

お金を持てるようになるための2つの出発点

「お金持ちの意味」で考えた「社会貢献度」からも「人生の自由度」からも、お金を持つことには意義があるとわかります。可能であれば、ないよりあったほうがいいですよね？（笑）

では、どうやったらお金を持てるようになるのでしょうか？

その方法論だけでも1冊の本になってしまうくらいの内容がありますので、まずは大切な「2つの出発点」をおさえておきましょう。

【お金を持てるようになるための2つの出発点】

出発点①：お金に対する拒否感をなくす
出発点②：提供できる価値と必要とする価値の差額をプラスにする

それぞれを確認していきましょう。

出発点①：お金に対する拒否感をなくす

「お金に対するネガティブな心理」で確認したように、私たちはお金に対して複雑な心理を持っています。最も欲しいものの一つなのに、なぜか嫌悪感を持っているのです。

嫌悪感を抱いているものを保有し続けることは難しいです。

「手放したい」という心理が働くからです。何かが欲しいからお金を使うのではなく、お金を使いたいから使ってしまうようになります。

ですから、まず私たちが対処しないといけないのは「嫌悪感をなくしていく」ことです。最大の目標は「お金を好きになる」ことです。そう言うと拒否反応が強く出てしまう人がいるかもしれませんので、もう少し控えめに伝えると**「お金とフラットな関係を築く」**ことです。

「お金を嫌うべきだ」という間違った偏見を捨てましょう。

偏見というのは、幼い頃から長い時間をかけて社会から刷り込まれています。ですから捨てるのは簡単ではありません。だからこそ、常に嫌悪感をなくそうと意識していないと捨てられません。感覚としては、一気に捨てられるのではなく、薄くなっていく感じです。

「自分は偏見としてお金に対する嫌悪感を持っている」
「それはないほうがいい」

「少しずつ捨てて楽になろう」

そのように定期的に考えて、お金との関係をフラットに調整していきましょう。

出発点②：提供できる価値と必要とする価値の差額をプラスにする

お金を持つようになるための基本中の基本です。シンプルなことですが、できる人のほうが少ないので、簡単なことではないのだと思います。

次ページの図のAからBを引いた収支をプラスにすることを心掛けていきます。

おススメなのは、毎月の給与から一定額を天引きして定期預金に貯めていくことです。

最初は慣れるために少額でもいいです。慣れたらすぐに給与の10％～25％程度を目安にしていきましょう。私も社会人1年目から30年近く続けています。

■お金を持つための方程式

(A)社会に提供できた価値＝収入

(B)社会から利用した価値＝支出

$$\underset{(A)}{\text{収入}} - \underset{(B)}{\text{支出}} > 0$$

最初は「年収の1年分の預金」を貯蓄することを目指すといいです。それが達成できると自信にもなりますし、今後の安心材料にもなります。年収2年分くらいの預金が持てるようになると、いざという時に、ちょっと冒険して自分がしたいことができるようになります。

収支額を大きくするためには、当たり前ですが「(A)社会に提供できた価値＝収入」を大きく、「(B)社会から利用した価値＝支出」を少なくする必要があります。それらを「やりくり」していくことが大事です。

支出は少ないほうが良いですが、ぜひ検討してもらいたい支出は「**自己投資**」です。

自分の成長に対する支出は消費ではありません。君の価値を上げて未来の収入をアップできる可能性を広げてくれます。しかも若い時のほうが効果は大きいです。ですから、自己投資は良い支出です。

最も費用対効果（コスパ）の高い自己投資は**「本を買って読む」**ことです。最近のビジネス書は短い時間で読めるようにも工夫されていますから、時間対効果（タイパ）も良いです。

もちろん、ネットを介して様々な情報を読んだり見たりすることはできます。しかし、そこで発表されていることのなかには、著しく客観性を欠いている情報もあります。最近はフェイク情報が増えているという報道も多いですね。

本を書いている立場から正直に話をすると、これだけコスパとタイパの悪い仕事はないです（笑）。原稿を書くのも大変ですが「書いて終わり」ではありません。本が出版されるまでには様々なチェックが入ります。著者だけでなく出版社の名誉にも関わるからです。ですから、信頼度は高いのです。

私が本を書いている理由は、恩を返したいだけです。本は、お金がない時の自分に安価で様々なことを教えてくれました。それによって成長できて、仕事が好きになり、お金を持てるようになり、幸せになりました。その恩を返したいだけなのです。

本を読んで、学ぶ習慣を身につけてください。
私もそうでしたが、それが最も効率的な方法です。
月に1冊から始めましょう。

収入は「仕事観」が変われば、たいてい上がっていきます。
この本を読んだことが、良い第一歩になることを願っています。

お金を追いかけないと、お金に追われ続けます。

お金を追いかけると、お金に追われなくなります。

どちらの人生が良いですか？

お金に追われ続けたくなければ、お金を追いかけてみることです。

若いうちにお金に向き合うと、お金との関係は、どんどん楽になっていきます。

先憂後楽（せんゆうこうらく）でいきましょう。

「2つの出発点」は「灯台」でもあります。

社会という海から、常に確認することにしましょう。

第6章　会社とは？

この章でわかること

❶「会社＝悪い」というイメージを持ってしまうのは3つの原因がある（P141）

❷会社は本来「関わるすべての人を幸せにする仕組み」

❸働き方の自由化に甘えてしまうと、長い目で見ればマイナス

❹息苦しい時、会社を「異質間マネジメントを学べる学校」と考えたら、ラクになる

「資本家VS労働者」の幻影

会社のことを、どう感じていますか?

「なんとなく悪いもの」

「会社」の印象は、そんな感じではないでしょうか?
多くの人が「会社=悪い」というイメージを持ってしまうのは、概ね3つの原因が考えられます。

①過去の幻影
②悪いことのほうがニュースになりやすい
③社会からの刷り込み

一つ一つを確認していきましょう。

「会社＝悪い」と思ってしまう3つの原因

①過去の幻影

『蟹工船（かにこうせん）』という小説に代表されるような「資本家と労働者」という構造が前時代にありました。当時の社会環境における仕組みとしては、それが当たり前だったのだと思いますが、今では考えられないくらい劣悪な労働環境でした。

その時の「資本家vs労働者」という対決構造のイメージが抜けていません。

今では全く違う環境になっているにもかかわらず、資本家（≒会社）と労働者（≒社員）は反対勢力で相容れない関係だと思われがちです。

この幻影が「会社=悪い」という先入観の元凶になっています。

②悪いことのほうがニュースになりやすい

実際、悪いことをしてしまう会社はあります。悪意があるわけではなく、単に失敗しているだけの場合もありますが、悪いことだと認識していながらやってしまうこともあります。

会社が悪いことをした時は、大きなニュースになります。SNSなどでも拡散されます。悪いことは、良いことの10倍広く伝わると言われていますから、多くの人が、それを知ります。

一方で、会社が本質的に果たしている素晴らしい機能は、どれだけ私たちの役に立っていても、ニュースになりません。ですから、多くの人が、それを知る機会が少ないのです。

社会のインフラになってしまった仕組みは、それがどれだけ大きな価値を提供してくれていても、日常という霧に覆われて見えなくなってしまいます。

電気がこなくなったら、どうなるでしょう？　大変ですよね？　生活が一気に不便になります。日々、それだけ役に立っているにもかかわらず、ニュースにはなりません。でも、停電したらニュースになってしまうのです。

③社会からの刷り込み

連続ドラマなどのストーリーの中で、必ずと言っていいほど会社や社長が悪いことをする回がありませんか？（笑）「実は、会社が悪いことをしていた」というような話です。それらを何回も目にするうちに「会社は悪いことをしている」という擬似体験的な認識を持ってしまいます。

メディアなどが会社のことを報道する時も、どこかに「会社＝悪い」という前提があるように感じることが多いです。視聴者が①の影響を受けているのを知っていて「会社VS社員」という対決構造を前提にしたほうがわかりやすく、人の注意を引きつけることができると考えているからです。

このようにして、**実際に経験したことがないのに「会社＝悪い」という印象だけが強化されていってしまいます。**

①〜③の「3つの原因」などが重なって「会社＝なんとなく悪い」という印象が形成されています。

そして、多くの人が、最初から会社を嫌なところだと考えるようになってしまいます。

もちろん、会社自体にも課題はあります。会社も社会が生み出したシステムとして発展途上です。会社は変わってきています。しかし、社会が会社に対して持つ印象は変わらないままです。

「会社は楽しいところだ」なんて能天気に伝えるつもりはありません。会社には難しさもあり、息苦しくなる時もあります。

しかし、電気や水道の仕組みと同じで、普段からありがたみを感じるわけではないですが、大切な役割を果たしています。だからこそ、社会の仕組みとして発展してきたわけです。

まずは、先入観を一旦横に置いて「会社とは何なのか?」「会社が果たしている機能は?」と考えてみましょう。

会社の再定義

人が価値を提供して対価を得る時、最もシンプルなのがＰ１４９の図①のような形です。

価値を受益者である顧客に直接提供して、対価であるお金を直接もらいます。

図①のように、価値の提供者と受益者が直接やりとりをしていると「価値を生み出して、買い手を探して、価値の説明をして、買ってもらって、お金をもらって、壊れたら修理をして、一連の流れを管理する」など多くの種類のプロセスを全て自分一人でやらないといけません。

しかし、一人で提供できる価値には限界があります。ですから経済が発展してくると、図②のように「会社」という存在が人と顧客の間をつなぐ役割をするようになります。

価値を提供する一連のプロセスの中には、得意なこともあれば苦手なこともあります。苦手なことはやりたくないし、得意なことに多くの時間を使いたいと願うようになるのは自然なことです。

その願いを実現したのが「会社という仕組み」です。

会社では複数の人が集まって、価値を提供する時に必要な複数のプロセスを「役割分担」して行うようにします。一人で複数のことを行うより、任された一つのことを集中して行ったほうが生産性は上がります。Ｐ89で確認した経験曲線が働きやすいからです。

また、単純に役割分担するだけでなく「得意なことは得意な人がやる」ようにすると「全ての人が得意なことだけに集中できる」ようになる可能性があります。結果としてチーム全体の生産性が上がります。

自分が苦手でやりたくないことは、同僚にとっては得意なことで、ずっとやっていたいことかもしれません。

同僚が苦手でやりたくないことは、自分にとっては得意なことで、ずっとやっていた

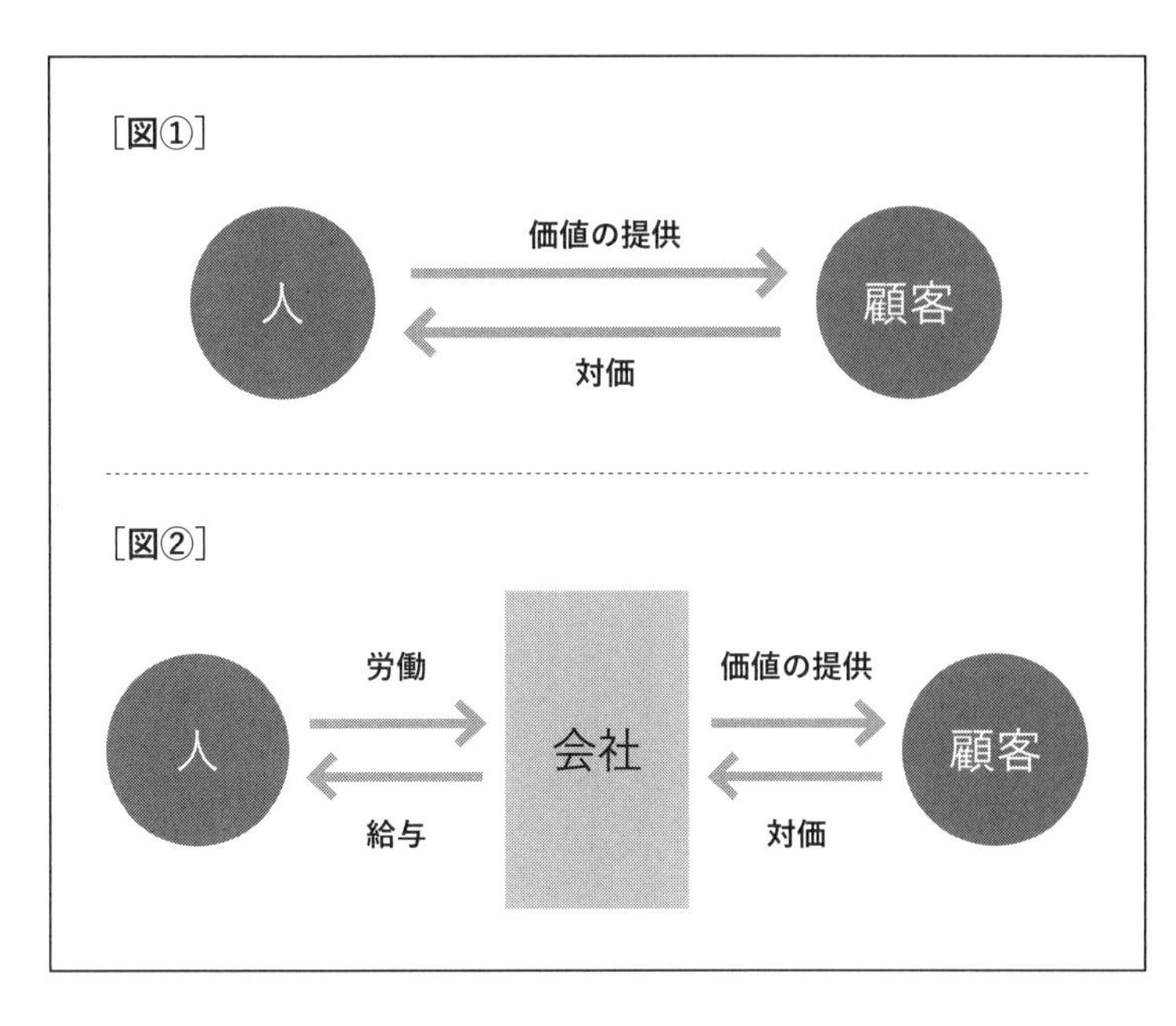

いことかもしれません。

そうだとすれば、それぞれが得意なことに専念して、それらをつなげれば、必要なプロセスを欠かすこともなく、さらに生産性を上げられます。それが上手くできれば、すべての人が苦手なことをしなくて良くなるのです！

この機能を最大化しようとしているのが会社です。

会社が目指すこの方法が上手くいくと、全ての人が恩恵を受けます。

社員は苦手なことを得意な人に任せ、

得意なことに集中できます。

生産性が上がれば、顧客も今まで以上の価値を受け取れるようになります。提供する価値の対価が増えて、社員の収入も上がり、会社にも利益が残ります。会社はその利益を再投資して、さらにこの方法が上手くいくように進めます。そうやって良い循環が築かれていき、関わる全ての人が恩恵を受けていきます。

また、会社はリスクヘッジもしてくれています。人は機械ではないですから、調子が良い時もあれば悪い時もあります。健康な時もあれば、病気の時もあります。それが自然な状態です。

君がカゼをひいて仕事ができない時、誰かが代わりにやってくれます。もしくは数人で少しずつ補ってくれます。何らかの理由で調子が悪い時、他の誰かの調子が良かったりします。結果として、全体の生産性はキープできます。

一人でやっていたら、自分の病気や調子の良し悪しで生産性はアップダウンします。

会社は複数人で行うことによって、それらのアップダウンを安定化させています。

ですから、会社の本質は「相互扶助」であり「互助的な仕組み」なのです。

会社は本来発揮すべき機能を上手く回すことができれば「関わるすべての人を幸せにする仕組み」になります。ですから私は会社をこのように定義しています。

会社は「関わるすべての人を幸せにする仕組み」

社内は小さな市場経済

会社は互助的な仕組みです。

しかし、期待に応えられない状態が長期に及ぶようなら、市場と同じような作用が働きます。社内には「市場経済のシビア」さもあります。その厳しさは、今後、ますます強くなっていくと考えられます。

飲食店に行った時、美味しくなかったり量が少なかったりサービスが悪かったりして、ガッカリしたことはありませんか？　期待した価値よりも、かなり低い品質だった場合、もう2度と行かなくなるでしょう。

ものすごく簡単に言うと、それが「市場経済」です。売り手と買い手がいて、価値をお金と交換しています。買うか買わないかは、買い手が自由に選択できます。

社内も同じです。
期待される価値を提供し続けられなければ、2度と買ってもらえなくなります。

解雇という手段が会社にはあります。

会社にいると、自分が労働力という価値を提供する一人のプレイヤーである感覚が薄れやすいです。何があっても毎月給与がもらえると、自分の価値提供のレベルが少しずつ甘くなっていく人が多いのです。

しかし、会社が市場と同じように「君の価値を評価して買っている」ことを忘れてはいけません。

歪んでいる日本の労働市場

価値の提供者として、解雇という手段が会社にあることを意識しないといけませんが、日本では解雇することに抵抗を持った経営者が多いです。ですから、労働市場は歪んでいます。

雇用者側と被雇用者側で「雇用の流動性」に対する考え方が完全にズレてしまっています。バランスが悪い状態です。雇用の「流動性が高い」というのは、転職する割合が多い状態ということです。高度経済成長を支えた終身雇用制度というのは「流動性が低い」状態のことです。

今は、被雇用者側である社員の考える流動性は高くなってきていますが、雇用者側が考える雇用の流動性は低いままで、大きなギャップが生じています。

これまでは経営者側がそのズレによって生じるマイナスを負担してきました。しかし、雇用の流動性が著しく高くなってきていることから、経営者もそれらに対応せざるをえなくなってきています。

転職しやすい環境というのは、労使間の平等を考えれば、高い雇用流動性を保つということですから、解雇されやすい環境にもなってしまうということです。

今のように多くの人が転職する状況だと、**アメリカのように「You are fired!」と言われて、即日オフィスから強制的に出されるような社会に近づいていかざるをえないでしょう。**

そもそも新卒や20代で就職できるというのは、労働市場の本質から考えると異常なことです。社会人になりたての若者は経験値も低く価値が低いわけですから、採用されるのは本来は難しいわけです。

ですから、20代や社会人初心者を育てようとする日本の会社のシステムは、とても人間的で素晴らしいと思います。**しかし、これだけ多くの人が20代で転職することが当たり前になってくると、現在のシステムを維持するのは困難です。**

結果として到来するのは、アメリカや世界でも当たり前になっている「20代の失業率

の高さ」です。

会社は「社員の得手不得手を上手に組み合わせて価値を最大化すること」を目指しています。

一人で生きていくよりも生きやすい方法を提供してくれています。

それを成り立たせるためには、一人一人が価値を提供する必要があります。

ですから「社内に価値を提供しているか？」を会社は問い続けます。

「解雇という手段が常にあるから会社のほうが社員より強い立場にある」という立場を取りながら、実は解雇というカードを会社が出しにくいという実情を知っていて、その状態に甘えている人もいます。

人は弱いです。ですから、基準を明確に示してくれていないと、楽なほうに妥協していきます。今まで10やっていたことを9しかできなかった時に、誰にも文句を言われなければ、9しかやらなくなります。しばらく9で済んでいると8や7しかやらなくなります。

それは短期的には楽かもしれません。**しかし、長い目で見るとマイナスです。**実力が落ちていきますから、会社から選ばれない人になってしまいます。すぐに解雇されなかったとしても、解雇リストの順位は静かに上がっているのです。

それは、社員にとっても、会社にとっても、双方にとって良い状態ではないです。

日本では、簡単に解雇されることはありません。

しかし、日々、少しずつ信頼を失っていて、解雇に近づいている可能性はあるのです。

だからこそ「解雇される可能性」を意識していきましょう。

ぬるい職場の出現

社内にシビアな市場経済性が存在する一方で、最近、若い社会人から相談されるようになったのは「職場がぬるい」ということです。私たちの世代は全く逆で「職場は厳しい」という声を上げている人がほとんどでした。

「働き方改革」などが進められ、急激に職場が「ぬるく」なりました。

時代の変化もありますが、一気に変わったのは「職場運営法改革」が原因です。それによって、上司が厳しい基準を若い部下に突きつけられなくなってしまいました。この変化を上司世代は「羨ましいなあ」と考えている人が多いようですが、実はマイナスの要素もあります。

それは若者世代の「成長機会を奪っている」からです。

職場は良くも悪くも自由になりました。
自由には功罪の2面があります。自由はプラスのイメージのある言葉ですよね？ でも、悪い面もあります。

それは、自由に溺(おぼ)れてしまう人が多くなるということです。

厳しい職場であれば、溺れていたら助けてもらえました。
自分が基準に達しないような仕事をしていたら、叱ってもらえました。

しかし、働き方改革という女神の顔をした悪魔の出現で、上司は部下を導いていくことが難しくなりました。少しでも伝え方や接し方がハードに感じられるとパワハラだと言われてしまうからです。

導きたくても、導けなくなってしまっているのです。

上司世代は若い時に厳しく指導を受けてきました。「だからこそ、今の自分がある」と多くの人が感じています。会社や上司が何の価値も提供できなかった自分に、お金と時間をかけて教えてくれたことに、恩を感じています。**ですから、自分もそれを若い世代にしてあげたい。しかし、それができない。**

これが、上司世代が抱えている苦悩です。

これらの大きな変化によって、若い世代は自力で泳いでいかないといけなくなりました。自力で自分を成長させていかないといけなくなったのです。それは簡単なことではありません。

自由ほど難しいことはありません。
多くの人は、自由に溺れてしまうからです。

「ぬるい職場」が出現したことによって「自由に溺れてしまう可能性が高く」なっています。

自由に溺れないためには、自分に厳しい目を向けないといけません。自律していく必要があります。

これが、若者世代が抱えている苦悩です。

息苦しさの原因

会社の中で「息苦しさ」を感じている人も多いと思います。

本来なくても良いような「悪い息苦しさ」もあれば「健全な息苦しさ」もあります。

それらを混同してしまうと、会社は、ただただ息苦しいだけの場所になってしまいます。

ですから**「健全な息苦しさ」**のほうを理解しておきましょう。

「息苦しさ」には様々な種類の原因が考えられますが、本質的な原因は「異質同士が集まっている」からです。

会社は、大きな価値を提供するために必要な複数の異質なプロセスを、人に偏在する得手不得手を上手に組み合わせることで行っていきます。そうやって「参加しているメンバーの価値の最大化」を目指しています。

ですから、**会社を構成する社員には「異質」が求められます。**社員間では相対的に違うことが必要であり、違いが認められるとも言えます。

違いを組み合わせるからこそ、大きな価値を生み出せます。

しかし、異質同士の人の付き合いは難しいです。価値観や考え方が全く正反対だったりしますから、人間関係としては難しいです。こういった「異質同士をどう上手く融合させていくか？」という課題を「異質間マネジメント」と言います。

友人同士が楽しいのは、同質であることが多いからです。

しかし、**同質で仕事をすると弱い**のです。

サッカーに例(たと)えると、チームに攻撃の人ばかりが集まると守る人がいなくなります。それでは、点は取れても点を取られ放題なので勝てません。ですから、守る人が必要になります。しかし、攻めの人と守りの人では性質が違うことが多いのでぶつかりやすいのです。

異質という意味では、会社には**「世代という違い」**も存在します。

これも、なかなか難しいです。これから仕事を覚えて活躍していく人と経験値のある経験者という組み合わせは、会社の永続を考えると必須のテーマになってきます。新しい未来の力と経験値という組み合わせが必要です。しかし、違うからこそ難しいのです。

世代間にある異質との葛藤（かっとう）は「ぬるい職場の出現」でも確認したように、若い世代にとってつらいだけではありません。経験者である上司世代にとってもつらいことです。

「若い世代のつらさ」と「上司世代のつらさ」が二重になって会社を覆（おお）っています。

人は十人十色。それぞれ違います。だからこそ「違いを上手に組み合わせて最良をつくる」ことができます。しかし、違う者同士が一緒にやっていくことは簡単ではありません。

社内は社会の縮図でもあります。どこに行っても、大なり小なり事情は同じです。

ですから、異質間の難しさは、全ての社会人が向き合わないといけない課題でもあります。

会社は「異質間マネジメントを学べる学校」と考えれば少し気楽になります。

異質同士がチームになるからこそ、大きな価値を生み出せるようになります。

つらくなったら、その意義を思い出すことです。

異質は大変。

だからこそ、価値がある。

それを意識しながら「健全な息苦しさ」を乗りこなしていきましょう!

第7章　人生とは？

この章でわかること

❶ 私たちには「明日がある責任がある」

❷「どう生きるべきか？」に対しての仮の答えが、迷った時の灯台になる

❸ 人生は①「守」の時代、②「破」の時代、③「離」の時代の３つに区別される

❹「守」から「破」にさしかかる時期は人生で最もハード

❺「破」は、恩を返す時期

明日がある責任

人生の大切さを考えた時に、私が必ず考えることがあります。
それは、大切な人生を途中で奪われた人のことです。

私にも若くして亡くなってしまった友達がいます。
ときどき思い出して、その無念さに想いを馳せます。
そんな時は、いつも、こう思います。

自分にとって、
当たり前に来る明日は、
友達にとっては、
心の底から願っても願っても、
得られなかった明日なのだ。

そして、不幸にも平均的な寿命を前に亡くなってしまった人たちに対して、こう思います。

「明日がある責任がある」

責任があると感じても、何もできません。
だから、せめて、彼ら、彼女らのためにも、生き切ってやろう。
その人たちの分まで生きて、幸せを感じてやろう。
そう思うのです。

人生の3つの特徴

人生って、なんでしょうか？

「人生」というのは「豊かな人生」とか「人生100年時代」とか、よく使われる言葉ですが、普段あまり深く考えないことの一つでもあります。ですから、人生というものをシンプルに整理しておきましょう。

人生には3つの特徴があります。

【人生の3つの特徴】

①有限性
②1回性
③固有性

それぞれを簡単に確認していきましょう。

①有限性

人生とは「与えられた時間」のことです。

その時間は限られています。命という炎は、いつか消えます。それがいつかは厳密にはわかりません。人には「死」が訪れます。

「死」というものが必ず訪れること。

わかってはいるけど、意識できていない人が多いのではないでしょうか？
それによって人生を前向きに動かせてない人が多いのではないでしょうか？

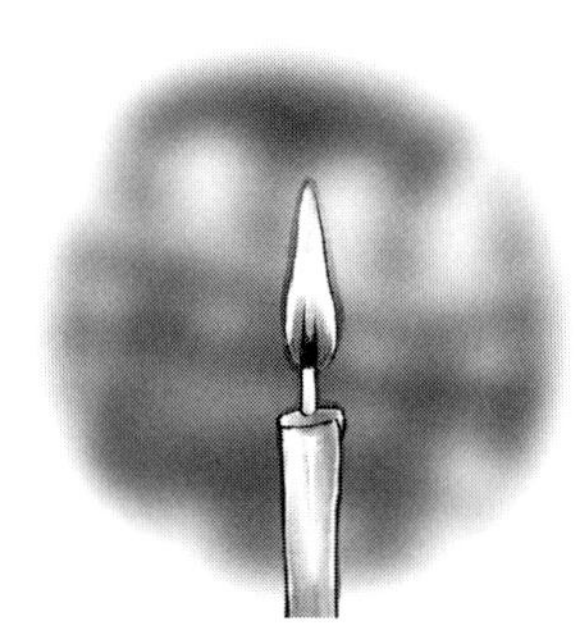

②1回性

人生に2回目はありません。

リセットに近いこともできますが、ゲームのようにリセットすることはできません。今日という日は2度と経験できません。タイムリープものの映画や漫画のストーリーが流行っていますが、実現できない願いだからこそ物語になるのだと思います。

③固有性

君の人生は君にしかありません。

似ている人生はあるかもしれませんが、同じ人生は絶対にありえません。双子についての研究を読んだことがありますが、ほぼ同じDNAを持ち、育ちが同じでも、同じ人生になるわけではありません。

君の人生を生きていくことが大事です。

どう生きるべきか？

「どう生きるべきか？」

誰もが一度は真剣に考えたことがあるでしょう。
そしてなかなか答えが出ない自問でもあります。
その答えを見出すのが人生なのかもしれません。

ですから（仮）で良いのだと思います。

その（仮）を「灯台」にして動いていけば良いのだと思います。

私も社会人になった時に「これから、どう生きるべきか？」と悩んで、「自己成長と社会貢献」というテーマを持って生きていこうと決めました。

人生、2回目ではありません。

経験したことがないのだから、正しいかなんてわかりませんでした。

でも「少しずつでもいいから死ぬまで成長し続けられたらいいな」と感じていましたし「成長したら社会の役に立てるのではないか？」と考えました。根拠は、ありません。

何となく、そう考えただけです。

（仮）だったわけです。

しかし、そのテーマは今でも自分の「灯台」になっています。

迷った時、悩んだ時、思い出します。

「それは自己成長につながるのか？」「それは社会の役に立てるのか？」と自問することがクセになりました。それは私にとっては、とても良い人生のテーマでした。

私には多くの若い人に接する機会がありました。特にインターンや新卒で自社に入ってきてくれた若い社会人には「自己成長と社会貢献は人生のテーマとして面白いよ」と伝えてきました。

彼ら彼女らの多くが独立して自分で事業を行っており、大変ながらも楽しそうに仕事をしていて、人生を前向きに生きている姿を見るのは嬉しいことです。そして「自己成長と社会貢献」の話をしてくれます。ですから私だけではなく「(仮) 人生のテーマ」の選択肢の一つとして悪くはないのだと思います。

社会に入りたての頃は、暗い海を進んでいくようなものです。

迷いやすいです。**だからこそ、大まかでいいから「灯台のようなもの」が必要です。**

しかし、人生のテーマを若いうちから決めるのは無理があります。

人生のテーマは（仮）でも良いと思うのです。

「どう生きるべきか？」

今日、決めてみましょう。

人生の「守」「破」「離」

人生の全てを経験したわけではないですが、終盤に近づいてわかったことがあります。

それは、人生には大きく分けると「**3つの時代**」があることです。

〈人生の3つの時代〉

①「守」の時代

②「破」の時代

③「離」の時代

「守・破・離」とは、茶道や花道などの作法を習得する時の成長段階を表す言葉です。

「守」の時期は、師匠などからの教えをマスターする時期です。ここで徹底的にその道の基本をマスターします。あるいは、その世界における師匠の成功要因の基礎を学びます。

「破」の時期は「守」で身につけた基本を洗練させて、時には師匠からの教えとは違うことを試したりしながら、自分らしさの創造をスタートさせます。

「離」の時期では「守」と「破」の時期を経て、独自の方法を確立させる時期です。

この「守破離」は、色々なことを習得しようとする時に使えます。何かを習得しようと思ったら、成長段階をモニタリングする必要があります。「守破離」は大まかなステップですが、自分の成長段階とやるべきことを知るのに使えます。

人生も同じような段階を踏んで進んでいくと考えると、これから人生を歩む中での目安の一つになると思います。

【人生の守破離】

①「守」の時代

社会に出るまでの保護された期間。基本を学ぶ。

②「破」の時代

保護された殻を破り、社会に出て生産活動を行い自立する。社会に貢献する。

③「離」の時代

守で受けた恩を破で返し尽くしたら、何者でもない自分自身を探求していく。

それぞれ概ねの期間は左記ですが、平均的な人生の期間が長くなっています。

守の時代：0〜20歳→0〜25歳
破の時代：20〜60歳→25〜65歳
離の時代：60〜80歳→65〜85歳

恩返しとしての仕事

「人生の守破離」で考えていくと、本書の中心的な読者は「破」の時期です。もっと詳しく言うと**「破―守の時期」**です。３つの時代のそれぞれも守破離という３つの段階に分けることができるからです。

「破―守の時期」は、学生という保護された状況から出て、一人の社会人として自力で自分の生活をつくっていく初期です。そこではまず、**社会人の先輩から色々なことを教えてもらいながら、自分でも様々な試行錯誤を繰り返しながら、社会で生きていく基本を学ぶ時期です。**

簡単な時期ではありません。人生で最もハードな時期と言えます。

人というのは不思議な生き物で、人生の初期の長い期間を親の保護のもとで生きます。

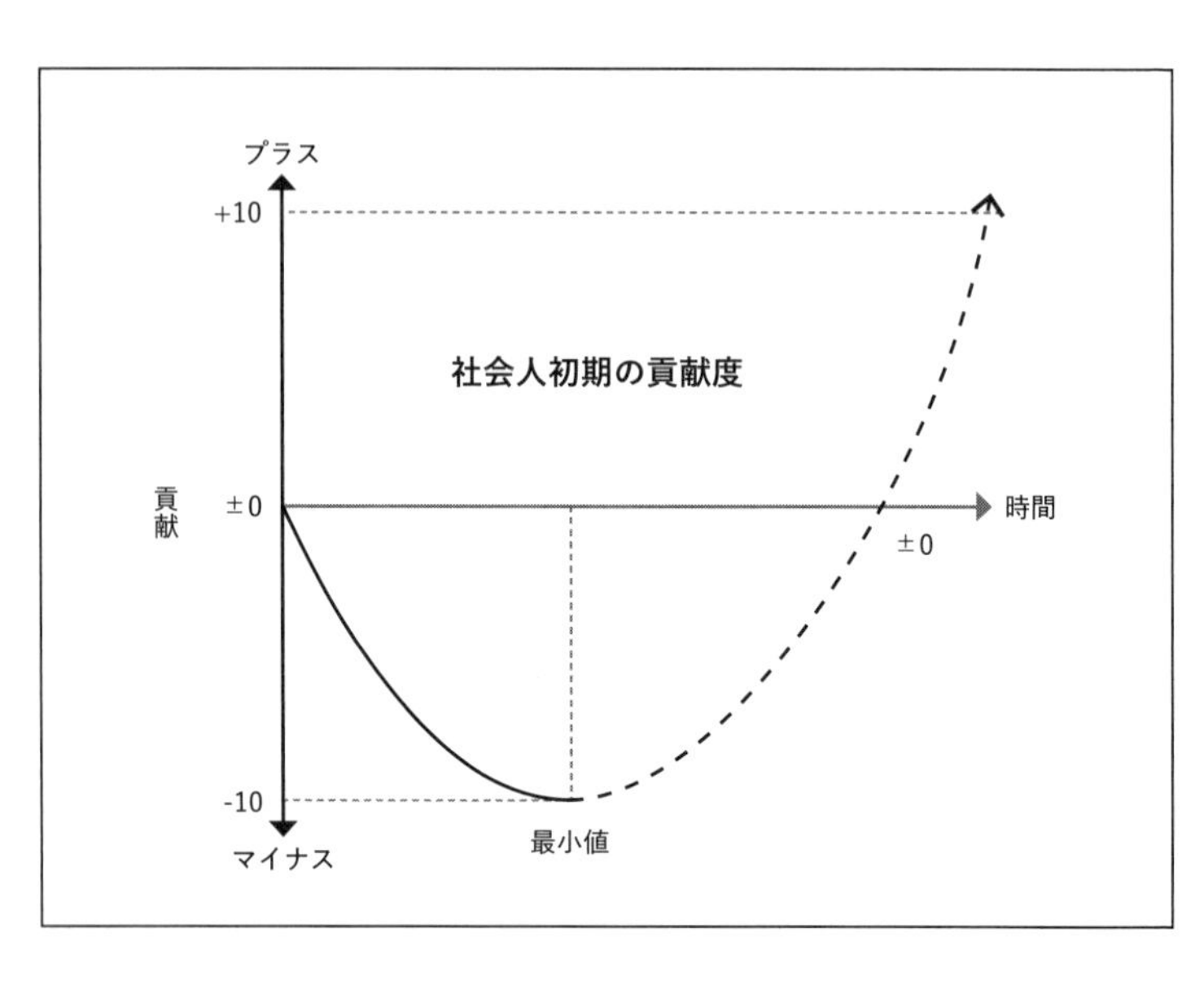

そんな動物は他にいません。これは進化の過程で最適化された方法なのだと思いますが、マイナス面もあります。

それは自力で生きていない期間が長すぎるために、自力で生きていない生活が感覚的に「当たり前になってしまう」ことです。

守の時代でも、生存するために必要な活動は厳然として存在します。しかし「守の時代」では、生存するために必要なものは「自分以外の誰かが提供してくれて」いました。

しかし、社会に出たら、それは突然ゼロになります。社会人になって数年は、この大き

なシフトをやり切らないといけません。

右の図は「破の時代」スタート時期の社会人1年生の社会との関係図です。「守の時代」は社会に対して実質的な価値を提供できていないことがほとんどです。ですから「自分が提供した価値－自分が利用した価値」がずっとマイナスのまま生きています。マイナスの蓄積は膨らんでいって、その累積は大きなマイナスになっています。これらのマイナスは親や家族など他の誰かが補填してくれています。

ですから「破」の時期は、恩を返す時期でもあります。

「守」の時代は、家族や社会に世話になりっぱなしの時期です。社会に提供する価値と社会から受け取っている価値の差額は大きなマイナスです。

「破」の時代に蓄積された大きなマイナスを、右の図の点線のように少なくともプラスマイナス0まで持っていかないといけません。「守」の時代に受けた恩を返すのです。

恩を受けた人たちに直接返すことも良いことですが、「恩を送る」ということも考えられます。自分の親も祖父母から同じようにして恩を受けました。その恩を私たちに送ってくれたのです。同じようにして、私たちは子どもや別の誰かに受けた恩を送っていくのです。

いずれにしても、世話になりっぱなしではいけません。**社会のどこかに、これまで利用させてもらった価値を、自らの力で返していく覚悟が必要です。**

それができて初めて、一人の社会人になったのだと言えます。

社会に出るまで、一体、どれほど家族や社会からお世話になってきたでしょうか？
その恩に報(むく)いるには、一日も早く、仕事を通して社会に価値を提供できる社会人になることです。

第8章

仕事とは？（これから）

この章でわかること

❶ 仕事は「幸せの4大分野（P193）」の質を上げる

❷ 仕事は3つの要素（①任される分野に専念する ②価値をつくりだす ③対価を得る）を持っている

❸ 仕事という「強制力」が、もともと弱い私たちを幸せに導いてくれる

❹ 「仕事は、君を幸せにする大切な活動」と考えてみると好循環が始まる

これまで普段はあまり深く考えないようなことを一緒に考えてきました。

大切なことを、シンプルだけど、本質的に考えてきました。


「幸せとは？」

「君とは？」

「仕事とは？（今）」

「経済とは？」

「お金とは？」

「会社とは？」

「人生とは？」


これらの考察を土台に「仕事とは？（これから）」を考えていきましょう。

これまでの仕事とは違った姿が見えてくると思います。

仕事の定義

経済活動の本質をまとめると、こうでした。

「自分が任されたことをやり、苦手なことは他者がやってくれて、お互いが創出した価値を交換することで、快適に生きることができるようになった社会システムのこと」

これは経済の定義とも言えます。
この定義から考えると、仕事は「**3つの要素**」を持っています。

（1）任される分野に専念する
（2）価値をつくり出す
（3）対価を得る

一つ一つを確認していきましょう。

（1）任される分野に専念する

人は社会の中で必要な物事を提供し合い、それらを交換して、補完し合って生きています。

「魚と米の話」で言えば、任される分野は「魚を取ることなのか？」「米を育てることなのか？」ということです。そう考えると、仕事というのは「任されごと」です。広くは社会から、狭くは会社から「ここをやって欲しいな」という分野を任されています。

ですから、任せて安心してもらえる何かを持っていないといけないということです。

（2）価値をつくり出す

人が幸せに生きていくには、多くの物事が必要です。

それらの一つ一つを「価値」と呼ぶことにします。

自分が必要な多くの価値は「自分以外の誰かがつくって提供」してくれています。

人は、それらを受け取ることで生きていけます。それらは対価（お金）を払って交換するので「等価交換」していると言えます。

等価交換していると「受け取っている」感覚が薄くなってしまいますが、自分が単独で、多くの価値を完全に自給自足することは不可能です。

だからこそ「自分が提供できる分野」では「価値」をつくり出さないといけません。

任せてもらっても、他の人が提供できる価値より低ければ、いつまで任せてもらえるかわかりません。**任せてもらった分野では、頑張って高い価値をつくらないといけないということです。**

（3）対価を得る

困った人を手助けすることや親切な行為などにも価値はあります。

しかし、私たちが必要なのは「お金と交換できる」価値です。

「お金を払ってもらえるレベルの価値」を提供することが仕事です。その価値に見合った「対価」として「お金」を得ます。

自分が提供した価値と等価交換したお金で、自分が必要とする物事とを交換して、生きていけるようになります。

（1）〜（3）の3つを同時に満たしているのが仕事です。

3つすべてを満たして初めて仕事と言えます。

完全に自給自足ができるのなら仕事は必要ないです。

しかし、実際は……

「自分が必要とする価値は多い」
「自分が提供できる価値は少ない」

自分が提供できる少ない分野の価値で、他の多くの分野の価値を交換していかないといけません。ですから、任された分野は、とても重要です。他の多くの分野の価値と交換できるくらいの価値がないといけません。

自分が提供できる少ない分野で、任せてもらい、価値をつくり、対価を得られる活動を「仕事」と言います。

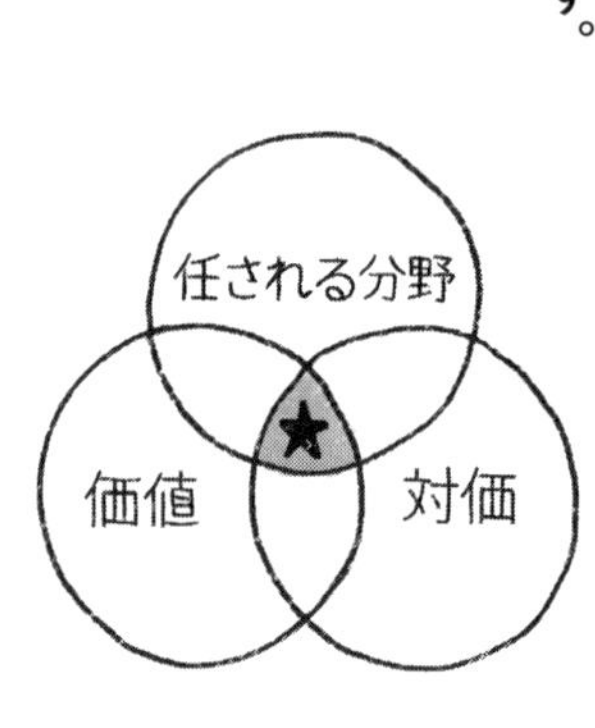

「仕事の定義」をまとめておきましょう。

「任された分野で、価値を生み出し、対価を得ること」

仕事が君を幸せにする理由

仕事が君を幸せにする理由は色々とありますが、まとめると「幸せの4大分野のすべての分野に深く関わり、それらの質の向上に貢献している」からです。

仕事は幸せをつくる「幸せの4大分野」という4つの柱の〈土台〉になっています。

一つ一つを確認していきましょう。

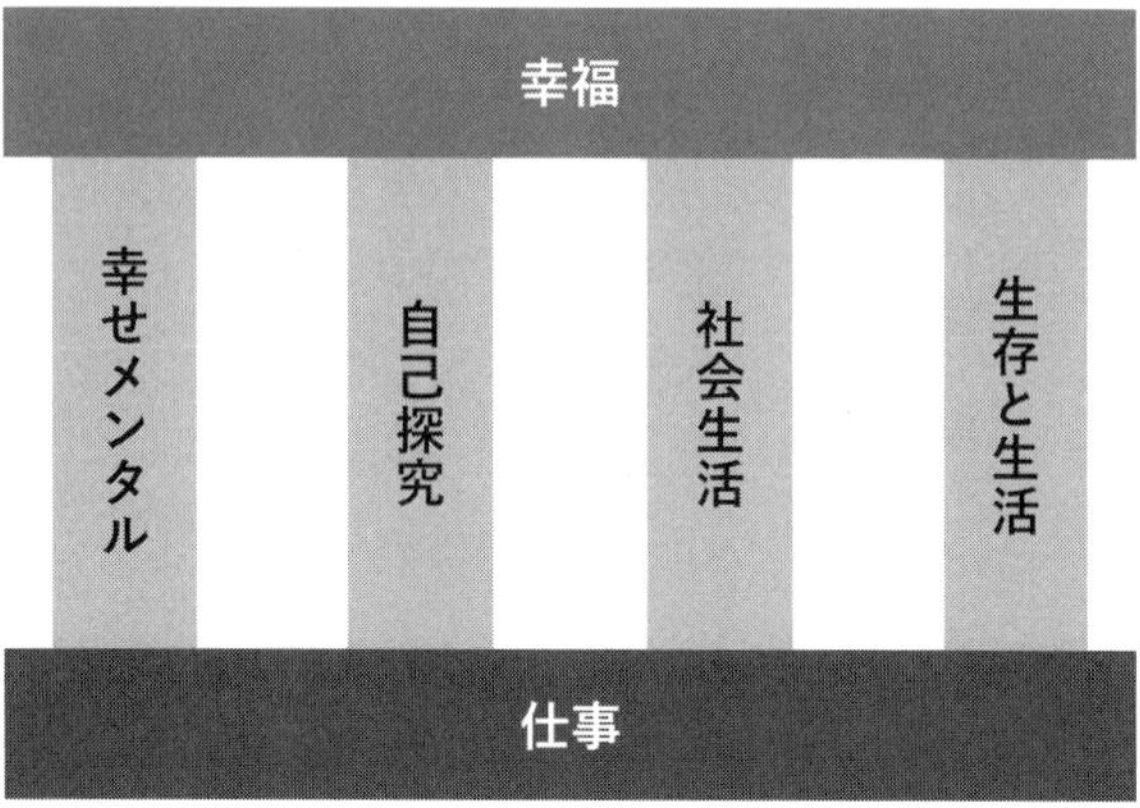

幸福

生存と生活

社会生活

自己探究

幸せメンタル

仕事

1 生存と生活

仕事の第一の目的は、お金を稼ぐことです。

生きていくためにはお金が必要です。お金そのものが必要なわけではありません。お金が必要な理由は、現代の社会では必要なものをお金と交換する仕組みだからです。生きていくために必要なモノやサービスを買う必要があります。

仕事は生活を支えるための活動であり、生活を充実させるための活動です。

「1 生存と生活」が不安定だと、全ての分野に影響が及んでしまう可能性があります。「1 生存と生活」は「2 社会生活」と「3 自己探究」の土台にもなっているので重要です。

2 社会生活

仕事が「2 社会生活」を充実させる理由は3つあります。

1つ目は「2 社会生活」は「1 生存と生活」の土台の上に築かれているということです。

家族や友人関係などのプライベートの社会生活も「1 生存と生活」の安定によって支えられています。「1 生存と生活」の安定は仕事によって支えられています。パートナーと食事に行く時、子どもと遊ぶ時、友達と旅に出る時、全ての社会生活の土台は、仕事によって支えられているということです。

2つ目は、仕事が「ソーシャルスキル」を教えてくれるからです。

仕事は「人との関わり」によって成り立っています。顧客、同僚、上司、取引先など多くの他者との関係があり、その関係性を壊さず、上手に育んでいくことが求められます。そのようにして、仕事で他者との関係性を維持していくなかで「ソーシャルスキル」が鍛えられていきます。

私たちは、社会の一員であることを避けられません。社会の一員としてうまくやっていこうとするなら「どうやって他者と関係を築いていくか?」を知る必要があります。仕事は、他者との関係を上手くつくっていく方法を教えてくれます。

3つ目は、帰属と承認の欲求を満たしてくれることです。

職場は社会生活の場の一つです。たいていの人は、多くの時間を職場で過ごすことになりますから、人生における時間の割合で考えると重要な場になります。

職場という小さな社会に帰属することは「どこかに帰属したいという欲求」に応えてくれます。人は社会性を強く持った生き物ですから、どこかに所属していないと不安になることが多いのです。

所属するだけでなく、仕事に真剣に取り組んで成果を出していけば、達成する喜びも味わえます。成果を出し続ければ、職場の人からも認められる存在になるでしょう。それらは社会生活における大きな喜びです。

これら3つの理由で見てきたように、仕事は社会生活を充実させてくれます。

しかしながら、**最も大切なのは、仕事をすることで「社会へ参画している意識」や「社会の役に立っている感覚」を持てることではないでしょうか？**

仕事は自分の生活や社会生活を支えると同時に「社会に関わり、社会の役に立たないといけない」という人の心の中にある社会貢献性を満たしてくれる場にもなるのです。

3　自己探究

君の幸せは君にしかわかりません。ですから人生において「自分は何者なのか？」を考え続ける必要があります。

仕事は意外にも「自分を知る」ことに役に立っています。

それには、３つの理由が考えられます。

1　仕事には他者が介在する

「自分は何者なのか？」は、哲学の原点と呼ばれている古代の哲学者ソクラテスの頃からあるテーマですが、仕事はそれを発見するための重要な場になります。お金との交換手段としてだけでなく「自分を知るためのツール」として考えていくと、仕事はさらに意義のある活動になります。

「君とは？」の章で考えたように、幸せを考えると、自分のことを知る必要が出てきます。しかし**「自分を知ることは難しい」です。他者と接点を持ち「相対的に知る機会」が必要です。仕事は、その機会を提供してくれます。**

なぜかと言うと、仕事には必ず「他者が介在する」からです。

他者が介在しないと仕事は成り立ちません。最もシンプルなのは、価値の提供者と受益者という二者です。それ以外にも様々な他者が介在しています。ですから、他者を知る機会が増えます。仕事は良い意味で、強制的に他者を知らないといけない環境になるのです。

人はストレスの発生源でもあります。ですから、人との接点をなくしたいと感じる時もあるでしょう。私もしょっちゅうあります（笑）。

しかし、そうやって人と接することがなくなると、自分を相対的に知る機会がなくなってしまい、「自分は何者なのだ?」と悩むストレスは残り続けます。

どのみち、完全に自給自足ができない限り、人との接点はなくなりません。人を避けていくという方法もありますが、人と上手くやることを学んでいく方法のほうが、トータルの苦しみは少ないのではないでしょうか。

他者を知り、自分を知るのです。

仕事は、そのチャンスを与え続けてくれます。

2 居場所がわかる

「仕事が君に突きつける質問」（P102）で確認したように、**仕事は「社会の中で、何**

を担うのか？」「何が得意なのか？」「君の価値は？」という質問を突きつけてきます。

仕事に真剣に取り組み、そこで自分の価値を向上させようとすると、それらの質問に真摯に向き合わざるをえません。そのようにして自分のことを知っていきますし、自分の得意な場所、自分が社会で役に立てる場所を発見していきます。

仕事は「自分の居場所」が見つかる活動でもあるのです。

3 自己探究の土台とヒントになる

仕事に真剣に取り組んでいると、仕事をしなくて良くなるレベルに達します。そこまで極端でなくとも、より短い時間で高い価値を提供できるようになり、価値に応じて給与が上がっていきます。

そうなると「仕事に関係しない分野」で「自己探究」をする余裕が出てきます。

そもそも生活も不安定なのに、自分の好きなことばかりやっていたら、社会人としては失格の烙印を押されてしまいます。

ほんの一握りの芸術家やスポーツなどの分野を極める天才たちは、それで良いかもしれません。しかし、余程の才能と努力がない限り、他者に喜んでもらって社会に貢献することはできません。もちろん、お金をもらうこともできません。

まずは、生活を成り立たせてくれる仕事に真剣に取り組むのが、ベターな方法ではないでしょうか？

これまで確認してきたように、仕事には、そもそも自己探究の要素が含まれています。社会に価値を提供し、お金ももらえて、自己探究もできるということです。

「他者を介して自分を知り」「自分の居場所を発見する」という2つのことだけでも大きな資産になります。他者を知り、自分の価値を知るようになると、かなり自分が見えてきます。

それらをヒントとして自己探究を進めるほうが効果的です。

ヒントもなしに完全に手探り状態で自分探しをすると、たいてい迷子になります。

仕事に真剣に取り組まずに「自分探し」をしてさまよっている人の姿は、一部の人たちからはイケてるように見えるかもしれません。しかし、多くの人は迷っていることすら自覚しないで迷っています。

だからまずは、仕事を通じて自分を知るヒントを得るのです。

4 幸せメンタル

仕事は強制的に幸せメンタルを鍛えてくれます。

理由は２つあります。

1 「感謝できる能力」を磨ける

仕事は「ありがとうのキャッチボール」をするような場所です。

提供者は、仕事を任せてくれて「ありがとう」と受益者に伝えます。
受益者は、必要な価値を提供してくれて「ありがとう」と提供者に伝えます。

提供される価値を通して「ありがとう」という気持ちも交換しています。

「ありがとう」と言えることは、とても大切なことです。
「ありがとう」と言われることは、とても幸せなことです。

「感謝できる能力」が幸せになるためには必要です。
当たり前のことに感謝できるようになると、幸福感が倍増するからです。

お茶を入れてくれたら「ありがとう」。掃除をしてくれたら「ありがとう」。玄関で出迎えてくれたら「ありがとう」。そういった当たり前のことに感謝できるようになると、「幸せメンタル」が成長しています。

仕事は「ありがとうのキャッチボール」を通して「感謝の感覚」を磨いてくれるのです。

「ありがとう」を口グセにしていきたいですね。

2 ポジティブの習慣化

仕事では、良くも悪くもポジティブであることが求められます。

店に入った時に暗い声で「いらっしゃいませ……」と言われたら、あまり良い気分にはならないですよね？

暗い人からサービスを受けたい人はいないでしょう。
ですから仕事では「ポジティブになること」を求めます。

「幸せメンタル」や「ポジティブ思考」は、生まれや育ちも関係しますが、鍛えられる部分でもあります。そういう意味では、**仕事は「幸せメンタルジム」とも言えます。**

負荷がないと筋肉を鍛えられないように、幸せメンタルも負荷がないと鍛えられません。仕事は、その負荷を与えてくれます。

仕事をやっていると、大変なことも起きます。
しかし、大変なことを乗り越えていく時こそメンタルが鍛えられています。

つらい経験をすると、人の痛みがわかるようになります。
大変な経験を乗り越えると、今がある奇跡に気づくようになります。
そうやって「幸せとの距離」が近くなっていきます。

仕事は簡単ではないですが、だからこそ「幸せとの距離」を近づけてくれるのです。

仕事は、このように私たちの幸福をつくる４つの大切な分野に密接に関係して、一つ一つの質の向上に深く貢献してくれています。そんな活動は、仕事以外では見当たりません。

生弱説と良い強制力

「仕事という強制力があって、本当に良かった」

今では、心の底から、そう感じています。

「生きるために仕事をしないといけない」という強制力がなければ、仕事をしなかったでしょう。そして、深く考えもせず、学びもせず、ダメな大人になっていただろうなと、恐ろしくなるくらいリアルに想像できます。

仕事が人生において持っている重要な機能はこうです。

生きていくために懸命にやっている間に、いつの間にか幸せになるための素養を磨けること。

仕事という生きるために必要な強制力が、人に様々なアクションを促し、結果として幸せを生んでくれているということです。

人は弱いです。自分に甘えがちな生き物です。

何の強制力もなければ、何も努力しなくなる可能性があります。潜在的に持っている力よりもレベルの低い所で妥協(だきょう)してしまいます。

そうやって妥協ばかりしていると、最終的には「あなたじゃなくていい。他の誰かに任せる」となってしまいます。それは本人にとっても、社会にとっても良いことではありません。

「性善説か？」「性悪説か？」「人の本性はどちらなのか？」と考えたことがある人は多いと思います。私は基本的に性善説ですが、一方で、こうも考えています。

「生弱説」

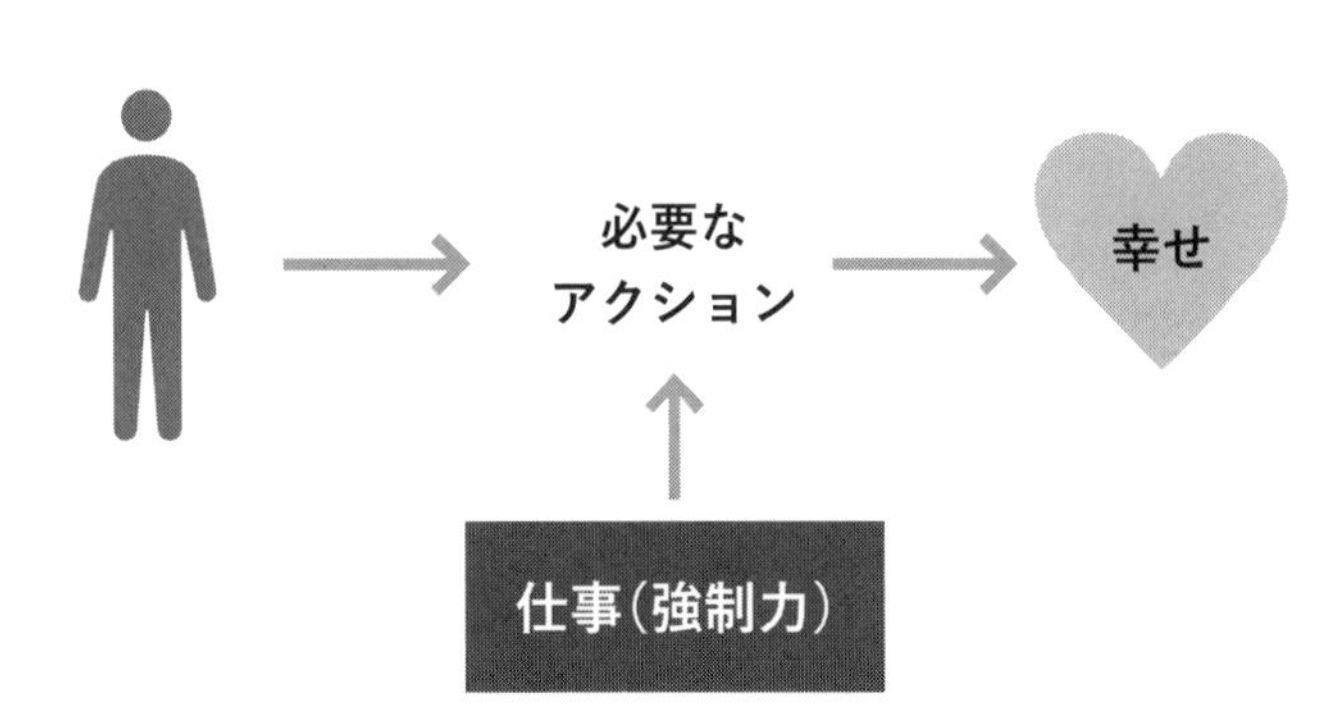

人は性善的であったとしても、生まれながらにして弱さを持っている。

だから、時には悪いこともしてしまう。

自分の弱さに対して思い当たる節がない人なんて、この世にいないと思います。

ですから、一定の強制力があったほうが良いのです。弱さを支えてくれる強制力があったほうが良いのです。

仕事は一定の強制力を持っています。

「これだけの給与を払うんだから、これくらいのレベルでやってね」という強制力です。それを期待値と言います。期待値は、給与が上がれば上がるほど、年齢や経験を積めば積むほど、大きくなっていきます。

つまり、仕事をしている以上は、一定のレベルに到達するまで期待値は上がり続けるわけです。そういう強制力の中に身をおくことができるのは、実は幸せなことです。

「強制力」と聞くと、拒否反応が出るかもしれません。**しかし、強制力は弱い心を守ってくれるダムのようなものです。私たちが潜在能力を発揮する時に邪魔をしてくる「弱い心」を叱咤（しった）してくれます。**

仕事という強制力に下支えされて、私たちは自分の価値を向上させることができ、成長して幸せになっていけるのです。

他者の幸福に貢献できる幸福

私は早くに起業したこともあり、社会人として9年が経った頃にはＦＩＲＥ（早期リタイヤ）できるような資産を持つことができました。そして、その資産を投資して運用することにしました。

エンジェル投資家として、スタートアップする若い起業家に投資をすることは楽しかったです。ですから今でも続けています。しかし、利回りを目的とした投資運用については、最初は「不労所得って楽でいいなあ」と感じたものの、数年経つと全く興味を失ってしまいました。

なぜか？

誰も「ありがとう」と言ってくれないからです（笑）。

不労所得とは言っても、投資運用はなかなか難しい仕事です。しかし、そこで頑張ってお金を得ても、嬉しいのは自分だけです。もちろん、投資する人がいるから、どこかで喜んでくれている人や会社が存在するのは理論的にはわかっています。

しかし、一度、真剣に仕事をして、多くの人から「ありがとう」と言われながら収入も上がっていった経験をした私には、不労所得のための投資運用が楽しくなくなって、積極的にはやらなくなってしまいました。

人は利己的な部分もあります。しかし、心のどこかで「人の役に立ちたい」「人の幸せに貢献したい」と願っているものです。そうでなければ、ヒトの社会は発展しなかったのだと思います。

「人の役に立ちたい」という想いは、DNAレベルの欲求として存在するのかもしれません。生物学の本を読んでみても、意識を持たない細胞や体の各器官が「利他的な」動きをすることなど、そう思わされる事実に何度も出会いました。

「社会貢献とは?~白い白鳥~」(P100)で確認したように、仕事は、その活動自体が人の役に立っている社会貢献的な活動です。

ですから、仕事を真剣にやっているだけで、社会貢献になります。
生み出した価値を受け取るお客さんを、幸せにしています。

「ありがとう」

良い仕事をして、そう言われた経験はないですか?
苦労した仕事ほど、最後に感謝された時は、本当に嬉しいですよね。

「ありがとう」と感謝されて、お金までもらえる。

そんな活動、他にはないですよ(笑)。

新しい仕事観

「仕事とは？（今）」で持っていたような仕事観が、少し変わりましたか？

こびりついた観念は簡単には変わらないです。

しかし、一度知ってしまったら、少しずつ変わっていきます。

仕事は「幸せの4大分野」を同時に向上させて幸せになるために重要な活動です。

しかし、多くの人は仕事のマイナスの部分だけを見ています。

そして「多くの人が陥っている悪循環」（P74）で確認したように、悪循環に陥ってしまっています。

この悪循環を好循環に変えるのは「仕事観」です。

仕事観は人それぞれ微妙に違って良いと思います。しかし「仕事＝嫌なこと」という思い込みからは抜け出して欲しいのです。抜け出して、仕事を冷静に正しく見て欲しいのです。

「仕事、嫌だなあ」と感じる時があったら、この本を取り出して、パラパラと読み返してみてください。そして仕事の意義を思い出してみてください。

仕事は多くの人にとって「やらないと生きていけないこと」です。ですから「嫌だなあ」とマイナスを感じながらするよりも「仕事って大変だけど大切だ」とプラスな想いを持ちながらやるほうが幸せなのだと思います。

これまで持っていた仕事観を変えましょう。

「仕事は、君を幸せにする大切な活動」

■悪循環から好循環へ

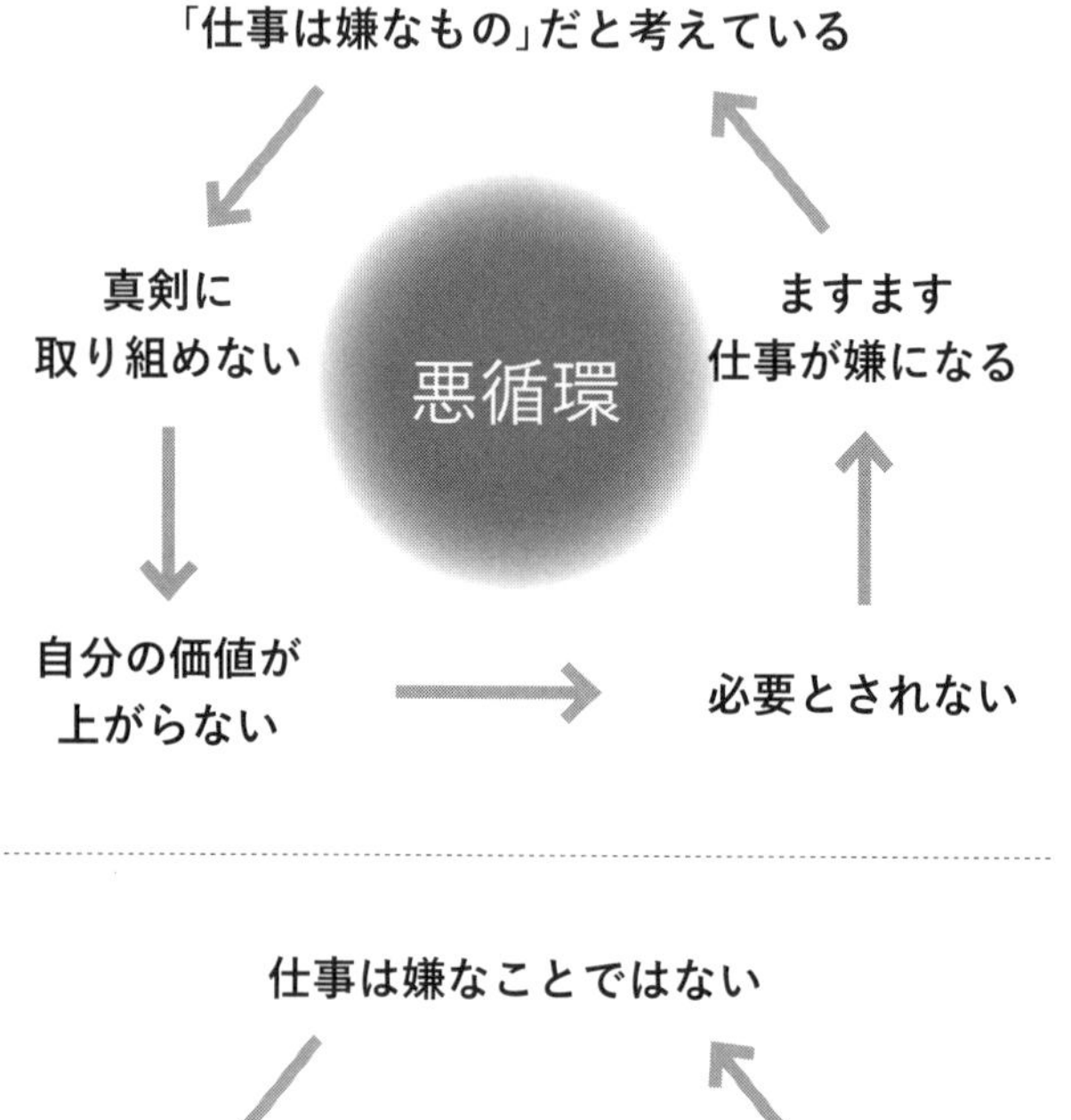
「仕事は嫌なもの」だと考えている
真剣に
取り組めない
悪循環
ますます
仕事が嫌になる
自分の価値が
上がらない
必要とされない

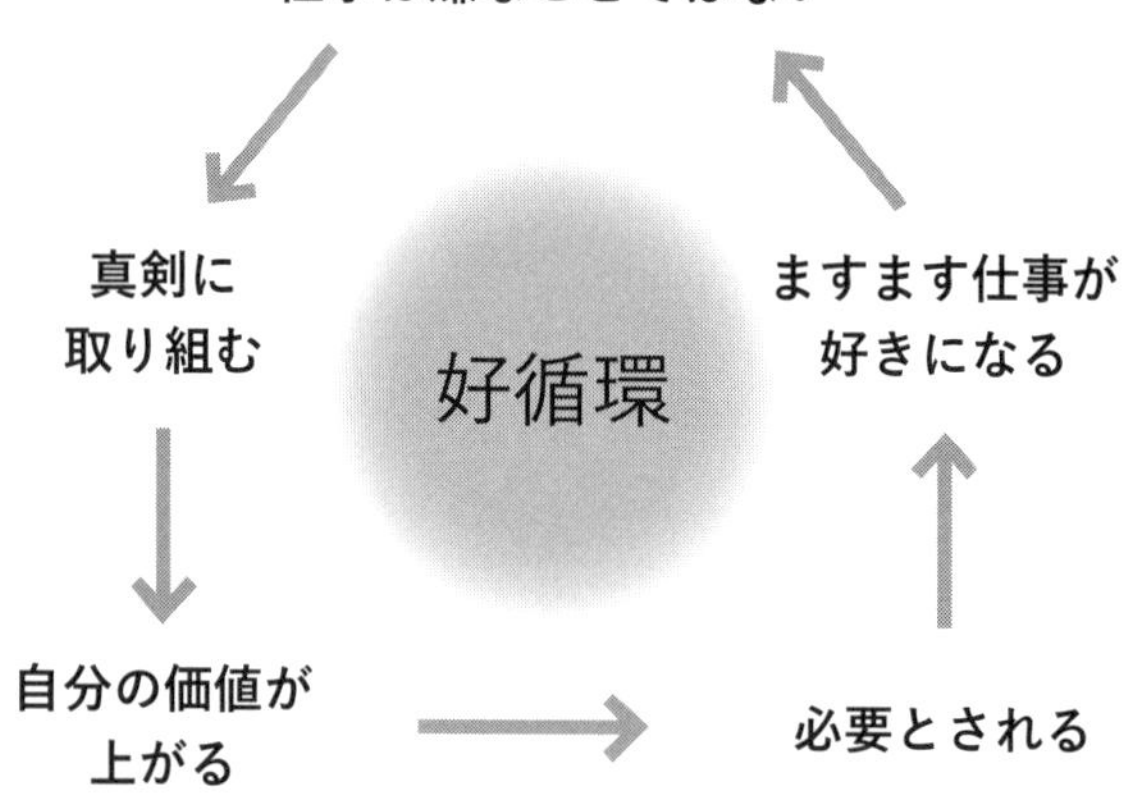
仕事は嫌なことではない
真剣に
取り組む
好循環
ますます仕事が
好きになる
自分の価値が
上がる
必要とされる

おわりに
～最初のボタン～

「この本を読んでもらって、多くの人が仕事に真剣に向き合って、仕事を好きになり、仕事を通して幸せになったら最高だなあ」そう願いながら、筆を進めていきました。

仕事は「苦い薬」のようなものです。嫌だったりすることもありますが、日々、仕事に向き合い、仕事を重ねる中で、そのポジティブな面に気づき始めると、仕事という活動が、いかに私たちの人生を彩ってくれていたのかがわかります。

多くの人は先入観で「仕事は嫌なものだ」という歪んだ認識を持ち続けています。しかし、本書でも一貫して一緒に考察してもらったように、仕事は自分を再発見し、自分を幸福に近づけてくれるエンジンでもあります。

仕事で遊ぶ。
月曜日が楽しみ。

そんな風に考えてくれる若者が一人でも増えることを、心から願っています。
なぜなら、私自身が最も仕事から影響を受け、自分を知り、幸せになったからです。

仕事は人生の敵ではなく、人生における強い「味方」でした。

ただ、仕事は味方にもなれば、敵のような存在にもなりえます。
「最初のボタン」をかけ違えれば、全く違う結果になってしまいます。

あまりにも多くの人が、それで損をしているなと感じます。

正しい最初のボタン。
本書が目指した場所です。

多くの人が、仕事を味方にして、人生を生き抜いて、幸せを感じる瞬間が増えることを、心から願っています。

仕事は味方！

浜口隆則

［著者プロフィール］

浜口隆則

（はまぐち・たかのり）

株式会社ビジネスバンク代表取締役。スターブランド株式会社 代表取締役。PE&HR株式会社 社外取締役。横浜国立大学教育学部卒業、ニューヨーク州立大学経営学部卒業。会計事務所、経営コンサルティング会社を経て、1997年に「日本の開業率を10%に引き上げます！」をミッションとするビジネスバンク社を20代で創業。シェアオフィスのパイオニアとして業界を牽引していくなかで多くの会社が失敗する現実を見て、高収益事業だったシェアオフィス事業を売却して経営者教育を始める。数千社という会社経営の現実を見てきた経験から生み出された「経営の12分野」「社長力の10分野」「幸福追求型の経営」などのプログラムを提供する〈プレジデントアカデミー〉は累計参加者が3万人を超える「社長の学校」となっている。早稲田大学でも教鞭をとり「ビジネスアイデアデザイン」「起業の技術」「実践起業インターンREAL I&II」などユニークな講義で人気に。

著書に『戦わない経営』『社長の仕事』『起業の技術』『「守り」の経営』（かんき出版）などがあり、海外でもベストセラーに。大企業の社長から若い起業家まで多くのファンに支持されている。

現在も複数事業を経営する実践者であり続けている。

仕事は君を幸せにする
人生が変わる“たった一つの考え方”

2023年10月20日　初版第1刷発行

著者　浜口隆則
発行人　櫻井秀勲
発行所　きずな出版
東京都新宿区白銀町1-13　〒162-0816
電話：03-3260-0391　振替00160-2-633551
http://www.kizuna-pub.jp
印刷・製本　モリモト印刷

ISBN978-4-86663-221-6